增值税改革的会计信息效应

基于"营改增"的研究

陈冬 著

The Accounting Information Effect of VAT Reform

Evidence from Replacing Business Tax with Value-added Tax

北京大学出版社

图书在版编目(CIP)数据

增值税改革的会计信息效应：基于"营改增"的研究/陈冬著. —北京：北京大学出版社，2023.10

ISBN 978-7-301-34635-8

Ⅰ.①增⋯ Ⅱ.①陈⋯ Ⅲ.①增值税—税收改革—研究—中国 Ⅳ.①F812.424

中国国家版本馆 CIP 数据核字(2023)第 217770 号

书　　　　名	增值税改革的会计信息效应：基于"营改增"的研究 ZENGZHISHUI GAIGE DE KUAIJI XINXI XIAOYING: JIYU "YINGGAIZENG" DE YANJIU
著作责任者	陈　冬　著
责 任 编 辑	曹　月　李　娟
标 准 书 号	ISBN 978-7-301-34635-8
出 版 发 行	北京大学出版社
地　　　址	北京市海淀区成府路 205 号　100871
网　　　址	http://www.pup.cn
微信公众号	北京大学经管书苑(pupembook)
电 子 邮 箱	编辑部 em@pup.cn　　总编室 zpup@pup.cn
电　　　话	邮购部 010-62752015　发行部 010-62750672　编辑部 010-62752926
印 刷 者	北京圣夫亚美印刷有限公司
经 销 者	新华书店
	720 毫米×1020 毫米　16 开本　11.75 印张　176 千字 2023 年 10 月第 1 版　2023 年 10 月第 1 次印刷
定　　　价	49.00 元

未经许可，不得以任何方式复制或抄袭本书之部分或全部内容。
版权所有，侵权必究
举报电话：010-62752024　电子邮箱：fd@pup.cn
图书如有印装质量问题，请与出版部联系，电话：010-62756370

推荐序

会计信息是否及如何有助于利益相关者的决策并最终提升和优化资源的配置效率是基本的会计研究问题。会计信息通过发挥定价、治理及契约功能最终影响资源配置,而定价、治理、契约功能的发挥又要求会计信息的生产和提供置身于相应的管制和监督之下,要求会计信息满足特定的质量要求。

政府通过税制实施监督,在企业中产生公司治理效应,通过外溢出对企业会计行为发挥治理监督作用,因此税制是影响企业会计信息和财务行为不可忽略的重要因素。虽然税制及税收征管对企业会计行为的影响逐渐受到学术界和实务界的关注,但是企业税务作用于会计信息质量的现有研究主要是从企业所得税角度展开的。具有"税收中性"特征的增值税是否及如何影响企业会计信息质量,还鲜有系统性的研究。增值税是中国税收收入结构中贡献最多的一个税种,同时也是经济合作与发展组织(OECD)国家和众多发展中国家的重要税种。从增值税的原理、特征、计算和征管来看,增值税影响企业会计信息质量的原理、机制与企业所得税不同。目前以税负转嫁理论为基础的"会税合一"的增值税会计观忽略了增值税对收入、费用和利润的影响,鲜有研究涉及增值税作用于会计信息质量的话题,而这恰是一个需要探讨和研究的问题。

中国的"营改增"(营业税改征增值税)为研究增值税的会计信息效应提供了独特的契机和场景。本书以"营改增"的会计信息效应为主线,紧扣

增值税改革的会计信息效应：基于"营改增"的研究

"营改增"最重要的特征——弥补和打通增值税抵扣链条，研究"营改增"会计信息效应的相关问题。具体包括：①"营改增"会计信息效应的产生机制和影响因素；②企业如何应对"营改增"及其应对行为对会计信息质量的影响。本书基于税收征管、产业互联、重构增值税抵扣链条等多个机制，将产业互联、增值税抵扣链条作为联结增值税改革与会计信息质量的作用渠道，为理解增值税与企业会计信息的关系提供了系统而又全面的解释。同时，本书还结合地区层面宏观因素、行业层面中观因素、企业层面微观因素，较为完整地展现了增值税改革正面、负面的会计信息效应。

总之，陈冬博士所著的《增值税改革的会计信息效应：基于"营改增"的研究》一书逻辑严谨，论证周密，见解深刻，精巧的理论框架与扎实的实证分析相结合，是截至目前我国增值税与会计信息研究领域较具代表性的佳作，对于评估增值税改革的效果及继续深化增值税改革等颇具启示价值。

李青原

教育部"长江学者奖励计划"特聘教授
武汉大学经济与管理学院教授
2023 年 3 月 13 日

前　言

本书是教育部人文社会科学研究项目"'营改增'的会计信息效应及对策研究"（16YJC790005）的研究成果。

企业的会计信息旨在为资本提供者、资本市场参与方提供有助于决策的信息，并用于报告和解除委托代理关系中的受托责任。高质量的会计信息发挥着缓解资本市场信息不对称、促进资本市场有效运转、优化资源配置的重要作用。

税是影响企业会计信息质量和财务行为不可忽略的重要因素（Donohoe 和 Knechel，2014；Graham，2003；Graham 等，2012；Balakrishnan 等，2012；Hanlon 等，2012）。公司税务作用于会计信息质量的现有研究主要是从企业所得税角度展开的。

增值税理论认为增值税具有"税收中性"的特征，即增值税税负通过价格沿增值税抵扣链条转移给下游企业直至最终消费者，企业不承担增值税税负，因此增值税不会造成资源配置扭曲和效率损失。但是，也有研究发现企业部分承担了增值税税负（DeCicca 等，2013），尤其是商品的需求弹性对企业和消费者承担的增值税税负产生了决定性影响（刘行和叶康涛，2018）。此外，我国增值税暂行条例遵循税收征管的"交易分解"原则，对非货币性资产投资等多项企业经营活动采用"视同销售"的处理规定，也进一步增加了企业承担的增值税税负。我国增值税暂行条例和实施细则的诸多规定也使得增值税负担在实操层面无法实现完全转嫁。从我国增值税减税的改革实践来看，2018 年我国增值税同比增长 9.1%，增值税增长速度仍快于经济增长速度，税收增长与经济增长的背离仍然存在。与此同时，我国的增值税会计处理仍秉承"税收中性"的原则，将增值税做"价外计税"处理。作为企业缴纳的最主要的税种之一，企业实质上承担的增值税税负在利润表中并没有被确认和披露（盖地，2008）。因此，增值税是否及如何影响会计信息质量，需要从多个维度寻求作用机制。

我国的"营改增"为研究增值税的会计信息效应提供了契机和场景。第一，"营改增"从 2012 年至 2016 年在我国不同省市逐步推开，为我们采用双重差分模型的方法展开研究提供了条件，利于较好地应对潜在的内生性问题。第二，对于地方政府而言，"营改增"取消了营业税，代之以与中央政府共享的增值税，地方政府承担与税收收入和财政支出等相关的任务和职责，利于通过地方政府税收征管效率和财政压力等来理解企业会计信息质量的变化。第三，对于行业和企业而言，"营改增"将增值税抵扣链条延伸至现代服务业、邮政电信业、交通运输业、生活服务业、金融业、建筑安装业等，增加了企业之间、产业之间的互联，也增加了上下游企业收入、成本信息的相互比对印证关联度，利于从产业互联、增值税抵扣链条角度分析增值税对企业会计信息的作用。

"营改增"通过弥补现代服务业等增值税抵扣链条的缺失，避免了重复征税。由于增值税应纳税额使用销项减进项的核算方式，因此"营改增"的减税效应依赖于产业互联和上游行业的增值税税率（范子英和彭飞，2017），企业能获得的"营改增"政策红利程度与其自身税负转嫁能力密切相关（乔睿蕾和陈良华，2017）。本书紧扣"营改增"最重要的改革特征——弥补和打通增值税抵扣链条，对增值税的会计信息效应进行了多维度的研究。研究内容具体包括两个方面：一是"营改增"会计信息效应的产生机制和影响因素。这一方面的研究从税收征管的角度展开，从"营改增"对地方财力的影响和地方政府加强税收征管保障税收收入切入研究,同时也从产业互联角度切入研究。二是企业如何应对"营改增"及其应对行为对会计信息质量的影响。这一方面的研究关注企业重构增值税抵扣链条及其对"营改增"会计信息效应的作用。

本书具有如下的研究贡献。在理论贡献方面:第一,从多个维度研究揭示了"营改增"的会计信息效应的产生机制和影响因素。本书的研究主要关注财政压力、税收征管、产业互联、重构增值税抵扣链条等多个机制,将地区层面宏观因素如地区税收征管力度、行业层面中观因素如产业互联、企业层面微观因素如需求弹性和增值税抵扣链条重构等,融入理论分析和实证检验,较为丰富地呈现了"营改增"正面、负面的会计信息效应。第二,丰富和拓展了税与企业会计信息质量的研究。税与企业会计信息质量的现有研究主要关注企业所得税,本书将这一研究推广到增值税,将盈余管理等作为会计信息质量的重要维度和落脚点,展开相关研究。第三,本书的研究发现也有助于辨析有关增值税"税收中性"原则的争论,从企业会计信息质量的角度丰富和拓展增值税实体经济效应的研究。国外关于增值税实体经济效应的研究目前主要关注增值税与企业利润(Kosonen,2015)、增值税与企业投资(Jacob 等,2019)。国内增值税研究文献多关注增值税转型、"营改增"对企业投资、产业转型升级等的作用机制(李永友和严岑,2018;申广军等,2016)等。

在现实指导意义方面:第一,对于税收政策改革的决策层而言,在继续深化增值税改革的背景下,本书为决策层评估和预期深化增值税政策改革的效果及在企业微观层面的经济后果提供了一定的理论支持和研究证据。第二,对于地方政府而言,本书研究发现"营改增"对企业边界扩张、中间投入品成本、税收负担、经营成果和现金流量均会产生影响,为地方政府重构税收收入结构带来启示。增值税改革的功能定位之一在于重构和优化地方政府税收收入结构(高培勇,2013)。本书的研究发现带来的启示在于,地方政府重构税收收入结构需要关注增值税改革对企业财务状况、经营成果和现金流量产生的外溢效应。第三，对于资本市场监管部门而言，在全面推行注册制的背景下，本书的研究发现为资本市场监管部门关注增值税改革对企业会计信息质量和会计信息披露质量的潜在影响提供理论基础和判断依据，为资本市场监管部门制定相关监管政策，引导企业真实、准确、完整地披露相关信息提供理论基础和支持证据。第四，对于资本市场参与者而言，本书的研究发现为投资者、券商、审计师和企业分析、评估增值税改革对会计信息的影响提供理论基础和支持证据。具体而言，投资者、券商可依托本书的理论框架和研究发现分析并评估增值税改革对企业财务状况、经营成果、现金流量和估值定价的潜在影响；审计师可依据本书发现的增值税会计信息效应的产生机制、影响因素等，关注增值税改革对审计客户的会计信息质量产生的影响，评估增值税改革可能带来的审计风险，判断是否需要实施必要的审计程序；企业可依据本书的研究发现，分析和评估与增值税改革相关的税收政策的变化可能对企业经营成果、财务状况、现金流量产生的影响，以便采取有效的应对措施，提升企业税务管理效率，获得更多的改革红利。

在撰写本书的过程中，笔者参阅了大量国内外文献、会计准则和指南资料等，在此对有关文献、著作的作者一并表示感谢。感谢梁上坤教授、范蕊博士对本书相关问题的研究提出的宝贵意见和建议。感谢武汉大学经济与管理学院硕士研究生陈奕帆、戴明婕、王晨宇、周宇洁出色的助理研究工作。同时，对本书责任编辑曹月老师的辛勤付出表示感谢。研究是一个不断探索的过程，相关问题的研究仍需继续推进，加之本人学识水平有限，书中难免存在错漏之处，敬请各位读者批评指正。

陈 冬
2023 年 2 月

第一章 概 述 / 1
第一节 研究内容 / 1
第二节 文献综述 / 7

第二章 "营改增"影响会计信息质量的理论分析 / 34
第一节 "营改增"、税收征管与会计信息质量 / 34
第二节 "营改增"、产业互联和会计信息质量 / 39
第三节 "营改增"、增值税抵扣链条重构与会计信息质量 / 44

第三章 "营改增"的减税效应与税收征管：基于政府补贴视角的考察 / 47
第一节 问题的提出和理论分析 / 47
第二节 实证研究 / 53
第三节 结论与启示 / 71

第四章 产业互联、"营改增"与盈余管理 / 73
第一节 问题的提出和理论分析 / 73

第二节 实证研究 / 77
第三节 结论与启示 / 95

第五章 "营改增"与企业重组：基于增值税抵扣链条重构的视角 / 97
第一节 问题的提出和理论分析 / 97
第二节 实证研究 / 101
第三节 结论与启示 / 117

第六章 "营改增"、增值税抵扣链条重构与会计信息质量 / 120
第一节 问题的提出和理论分析 / 120
第二节 实证研究 / 125
第三节 结论与启示 / 144

第七章 结束语 / 146

参考文献 / 153

第一章 概　述

第一节　研究内容

通过税制改革促进经济增长是各国重要的宏观经济政策目标（Gaertner 等，2020）。与美、德、英等国主要进行企业所得税改革来刺激经济增长不同，中国近十多年来主要依靠增值税改革刺激经济增长，以增值税为核心的间接税改革勾勒出中国税收政策改革的基本轨迹（郭庆旺，2019；高培勇，2018）。例如，为应对新型冠状病毒感染疫情对经济增长的影响，2020 年 2 月 25 日国务院常务会议明确，自 2020 年 3 月 1 日至 5 月底，免征湖北省境内小规模纳税人增值税，其他地区征收率由 3% 下调到 1%。[①] 我国增值税改革历经了 2004 年从东北地区开始的增值税转型改革、2012 年开始的"营改增"，以及后"营改增"时代实施增值税税率简并、退还增值税留抵税额、针对小微企业的税收优惠政策等增值税深化改革阶段（例如甘犁等，2019；郭庆旺，2019；马双等，2019；申广军等，2016）。增值税立法也于 2019 年年末进入发布征求意见稿阶段。根据国家税务总局发布的数据，2019 年前三季度全国累计新增减税

---

① 资料来源：官方最新解答！征收率 3% 降至 1%，个体户减免社保……［EB/OL］.（2020-02-27）［2023-07-07］. https://mp.weixin.qq.com/s/AuYZr2evGhDHNX1-sbul-w.

增值税改革的会计信息效应：基于"营改增"的研究

降费超过 1.78 万亿元，其中新增减税超过 1.5 万亿元，增值税改革新增减税为 7 035 亿元。① 其中，自 2012 年起将以前缴纳营业税的项目改成缴纳增值税的试点改革（即"营改增"）是我国增值税改革的重要举措之一。它是继 1994 年分税制改革后我国又一重要的税制改革。

2012 年 1 月 1 日上海在交通运输业和部分现代服务业开展"营改增"改革试点后，"营改增"改革已于 2016 年全面推开，具体进程如表 1-1 所示。在减税降费改革背景下，"营改增"的政策效果引起了学术界、实务界的广泛关注和研究。"营改增"的政策目标之一是改革我国货物劳务税收制度，减少重复征税。而且，企业为寻求税负的降低，可能调整企业边界，重构增值税抵扣链条，提升专业化分工。"营改增"调整税收征管权属，改变地方政府税收来源以及地方政府与中央政府的财政关系，最终推动分税制的纵深改革，促进中国经济结构调整。

表 1-1 "营改增"进程一览表

试点开始时间	涉及行业	涉及地区	文件依据
2012-01-01	交通运输业、部分现代服务业②	上海	《财政部 国家税务总局关于在上海市开展交通运输业和部分现代服务业营业税改征增值税试点的通知》（财税〔2011〕111 号）
2012-08-01	交通运输业、部分现代服务业	北京、福建（含厦门市）、广东（含深圳市）、江苏、安徽、天津、浙江（含宁波市）、湖北	《财政部 国家税务总局关于在北京等 8 省市开展交通运输业和部分现代服务业营业税改征增值税试点的通知》（财税〔2012〕71 号）

---

① 资料来源：王德培. 减税猛烈，税收依然高涨！税收增减悖论如何化解［EB/OL］.（2019-11-06）［2023-07-07］. https://mp.weixin.qq.com/s/3v3ffNSQRX8IzQNwX5yKeg.

② 交通运输业包括陆路、水路、航空、管道运输，部分现代服务业包括研发与技术、信息技术、文化创意、物流辅助、有形动产租赁和鉴证咨询。

(续表)

试点开始时间	涉及行业	涉及地区	文件依据
2013-08-01	交通运输业、部分现代服务业	2012年试点地区以外的全国其余省市	《财政部 国家税务总局关于在全国开展交通运输业和部分现代服务业营业税改征增值税试点税收政策的通知》（财税〔2013〕37号）
2014-01-01	铁路运输、邮政业	全国	《财政部 国家税务总局关于将铁路运输和邮政业纳入营业税改征增值税试点的通知》（财税〔2013〕106号）
2014-06-01	电信业	全国	《财政部 国家税务总局关于将电信业纳入营业税改征增值税试点的通知》（财税〔2014〕43号）
2016-05-01	建筑业、房地产业、金融业、生活服务业	全国	《财政部 国家税务总局关于做好全面推开营业税改征增值税试点准备工作的通知》（财税〔2016〕32号）

资料来源：根据"营改增"相关文件整理。

财务会计的目标强调会计信息的作用在于为股东、债权人以及其他现有或潜在的资本提供者、资本市场参与方提供有助于他们决策的财务状况、经营成果和现金流量等信息，并有助于企业管理层报告和解除委托代理关系中的受托责任。高质量的会计信息发挥着缓解资本市场信息不对称、促进资本市场有效运转、优化资源配置的重要作用。资本市场的有效运转和资源优化配置最终促进经济增长。

税收对企业会计行为的影响和作用机制是公司财务与会计领域重要的研究问题（Graham 等，2012）。税是影响企业会计信息质量和财务行为的不可忽略的重要因素（Donohoe 和 Knechel，2014；Graham 2003；Graham 等，2012；Balakrishnan 等，2012；Hanlon 等，2012）。但是，增值税作为我国税收收入结构中贡献最多的税种，是否及如何影响会计信息质量，目前缺乏相关研究。

增值税改革的会计信息效应：基于"营改增"的研究

"营改增"将缴纳营业税的应税行为改为缴纳增值税，使企业的增值税抵扣链条得以延伸至现代服务业、建筑业、金融业等原缴纳营业税的行业，为研究增值税的会计信息效应提供了三个方面的契机和条件：第一，双重差分（DID）模型是实证研究中分析政策改革效果常用的模型，使用这一模型要求政策改革分阶段实施，而"营改增"于2012—2016年在我国不同省市分阶段实施，正好为本书采用 DID 模型开展研究提供了契机。第二，对于地方政府而言，"营改增"取消了作为地方税的营业税，地方政府失去了一个可完全征管和支配的税种，取而代之的是作为共享税的增值税。因此，"营改增"为我们从税收征管效率和地方政府财政压力的角度分析增值税的会计信息效应提供了条件。第三，"营改增"将企业增值税抵扣链条在全行业间打通，利于企业、投资者和税收征管部门比对上下游企业间的收入、成本信息，为我们从产业互联、增值税抵扣链条角度分析增值税的会计信息效应提供了条件。

基于以下考虑，本书的研究具有一定的重要性。第一，从研究视角看，国内目前关于"营改增"的研究多落脚于公司及行业税负、居民福利等，未涉及"营改增"与会计信息质量这一研究领域。现行财务会计对增值税的会计处理仅仅反映其"价外计税"表象，作为企业缴纳的最主要税种之一，增值税负担在利润表中没有列示（盖地，2008）。因此，"营改增"是否及如何影响会计信息质量是值得关注的。而且，"营改增"作为外生冲击事件为我们应对内生性问题提供了识别条件。第二，企业税负水平受到一系列因素的影响，影响因素之间相互作用（Hanlon 和 Heitzman，2010；Scholes 等，1992）。这意味着，我们探究增值税改革的会计信息效应，其作用机制和影响因素可能是丰富多维的。第三，需要研究企业采取的应对增值税改革的行为。制度的变化会改变企业既定条件下的成本收益，因此，企业会理性地改变行为以应对制度变迁。据报道，为重构增值税抵扣链条、降低税收负担，仅 2012 年上半年，作为首个试点地区的上海就有上海电气、上海汽车、上海华谊等 25 家大型制造业企业集团和部分现代服务业企业集团把分散在企业内部的各项辅业分立成工程公司、信息公司和物流公司（谭崇钧和杨默如，2013）。国外相关研究发现，日本在1989年实行增值税制度后，许多大型企业集团"乔装"（masquerade）成众多小企业，适用较低的增值税税率以达到避税的目的（Onji，2009）。加拿大部分省营业税改征增值税后，购置机器设备的支出可以作为进项税额抵扣，企业的机器设备投资在短期内出现显著增加（Smart和Bird，2009）。因此，对增值税改革的会计信息效应研究不应忽略企业为降低税负所采取的应对行为。

本书紧扣"营改增"最重要的特征——弥补和打通增值税抵扣链条，对以下两方面的问题展开研究。一是"营改增"会计信息效应的产生机制和影响因素。第一，从税收征管效率和产业互联展开研究。税制是重要的法律外治理机制（Desai等，2007；Dyck和Zingales，2004；郑志刚，2007）。"营改增"政策作为分税制改革以来最重要的一次税制改革，从以下三个方面提升了税收征管效率：其一，我国增值税的计算实行抵扣制，增值税将抵扣链条上的企业交易紧密相连形成闭环，能有效抑制企业少报收入等隐藏行为。其二，根据国泰安（CSMAR）数据库提供的数据，2018年我国增值税占税收收入的比重为40.52%，激励了税收征管部门作为"最大的小股东"对企业发挥监督治理作用（Desai等，2007；Dyck和Zingales，2004；郑志刚，2007）。其三，随着增值税征管信息化程度的提升，"营改增"后依托大数据实施税收征管的效率将显著提高，进一步促使税收征管发挥法律外治理的作用。第二，从产业互联展开研究。产业互联增强了供应链上下游企业收入、成本费用、利润信息的比对效果。从产业互联展开研究有助于丰富和拓展对税制治理作用尤其是增值税治理作用的研究，也从会计行为视角揭示了增值税对微观企业的影响，有助于评估增值税改革的政策效果。

二是企业重构增值税抵扣链条方面的研究。第一，企业是否重构增值税抵扣链条以回应"营改增"改革？"营改增"政策实施后，企业将原来自营的中

增值税改革的会计信息效应：基于"营改增"的研究

间投入品分离出去，以从上游关联企业购进的方式获得内部交易的价格优势以及增值税进项税额抵扣的减税效应，同时产业分工与协作会带来税收成本的降低。因此，预期企业尤其是中间投入品能获得较高进项税额抵扣的企业，在"营改增"试点后进行分拆重组。企业通过分拆重组形成了更多的关联企业，并且企业与上游缴纳增值税的行业之间的产业互联程度越高，"营改增"的分拆重组效应越强。"营改增"后企业重组增值税抵扣链条能否产生降低税负的效果，也是这一部分的重要研究内容。第二，重构增值税抵扣链条是否调整了"营改增"对会计信息质量的作用？这一部分具体研究：与未进行"营改增"的企业相比，进行了"营改增"的企业在"营改增"后盈余管理程度的变化；增值税抵扣链条重构产生的调节作用。同时，这一部分还分析了供应商的议价能力、地区税收征管效率、外部审计等治理机制对"营改增"盈余管理效应是否发挥治理作用。

本书研究的理论价值在于：第一，揭示"营改增"的会计信息效应具有多维度的产生机制、效果和影响因素。研究基于税收征管、产业互联、重构增值税抵扣链条等多个机制，结合地区层面宏观因素、行业层面中观因素、企业层面微观因素，较为完整地展现了"营改增"正面、负面的会计信息效应。第二，从增值税的视角理解间接税税制改革对企业会计信息质量产生的治理效果。"营改增"实现了增值税的全行业扩围，把增值税抵扣链条从制造业延伸至现代服务业等行业。本书将财政压力、税收征管、产业互联、增值税抵扣链条作为理解增值税改革与企业会计信息质量的作用渠道，为理解作为"价外税"的增值税如何影响企业会计信息质量提供解释。第三，从增值税会计信息效应的视角推进有关增值税"税收中性"原则争论的相关研究。在我国，间接税并未完全转嫁，而是由企业和最终消费者承担，其中企业承担多于三分之二的税负（苏国灿等，2020）。本书研究发现的增值税会计信息效应为我国增值税偏离税收中性提供了进一步的研究证据。第四，从会计信息效应角度研究增值税改革对企业实体经济行为的作用机制和影响因素，丰富和拓展现有为数不多的增值税与企业实体经济行为的研究。现有研究关注了我国增值税转型对企业生产率、投资的影响（马双等，2019；许伟和陈斌开，2016；聂辉华等，2009），增值税转型的经济效应（申广军等，2016），"营改增"的社会分工和产业升级效应（李永友和严岑，2018；范子英和彭飞，2017；陈钊和王旸，2016），"营改增"对税负、企业创新的影响（倪红福等，2016；汪昊，2016；李林木和汪冲，2017；乔睿蕾和陈良华，2017），增值税税率减并的财富效应（刘行和叶康涛，2018），增值税税率与资源配置效率（刘柏惠等，2019）等。

本书研究的应用价值在于：第一，我国近十多年来主要依靠增值税改革刺激经济增长，以增值税为核心的间接税改革勾勒出我国税收政策改革的基本轨迹（郭庆旺，2019；高培勇，2018）。在减税降费的背景下，本书的研究为决策层评估增值税政策改革的效果和企业微观层面的经济后果、继续深化增值税改革提供了可供借鉴的理论分析和经验证据。第二，增值税改革的功能定位之一还在于重构和优化地方政府税收收入结构（高培勇，2013）。"营改增"这项准自然实验将宏观层面的政府政策与微观层面的企业会计行为联系起来，本书的研究发现为伴随增值税改革重构地方政府税收体系带来启示。第三，增值税改革具有会计信息效应，对投资者和资本市场参与各方理解税制改革的经济后果及企业会计信息具有重要启示，也为会计信息披露的规则制定提供了理论支撑和经验证据。

第二节　文献综述

结合本书的研究内容，本节对会计信息质量的影响因素、税制改革与企业会计财务行为、税收与会计信息质量、增值税改革四个领域的相关研究文献进行综述，并做简要评论。

增值税改革的会计信息效应：基于"营改增"的研究

一、会计信息质量的影响因素研究

会计信息质量的影响因素研究文献非常丰富。现主要从制度环境和公司治理机制两个维度做简要归纳分析。

（一）制度环境

1. 会计准则

会计准则致力于监督会计信息生产者提供高质量的会计信息。一方面，会计准则的变迁会提升会计信息的可比性和决策相关性（Daske 等，2008），但是，另一方面，可能由于引入更多的专业判断，会计准则体系中的某些具体规则如债务重组、资产减值等会被会计信息生产者用于盈余操作（刘启亮等，2010）。

2. 产权保护

产权保护程度影响投资者甄别和获取企业信息的交易成本。产权保护程度更高的国家和地区，投资者保护程度更高，会计信息披露监管要求更具体、更明确。研究发现，产权保护程度高的国家和地区出台的市场交易监管规定较多，企业的会计信息含量较高（Fernandes 和 Ferreira，2009）。从中国资本市场信息披露制度变迁的角度所做的研究也发现，随着中国资本市场信息披露制度的不断建设、要求的不断提高，在提高投资者的保护程度的同时，企业会计信息也包含了更多的异质性信息，降低了股价同步性（游家兴等，2007）。

3. 法律保护

一个国家或地区的法律对投资者的保护有助于提升公司治理效果（La Porta 等，2002）。法律保护是监督治理企业会计信息的重要力量。

(二) 公司治理机制

大股东、董事会、独立董事、审计师、机构投资者、分析师、媒体等是受到研究者关注的企业会计信息内外部治理机制。这些机制对企业会计信息质量发挥监督治理作用的机理在于：第一，所有权对企业股东、董事会成员产生激励作用。集中股权有激励效应，激励控股股东监督管理者（La Porta 等，1998）。董事会增加会议召开次数，可在一定程度上提升会计信息披露质量（Anderson 等，2004）。第二，信息生产、挖掘、收集、处理和传播对企业会计信息质量产生监督治理作用。例如，机构投资者利用对企业经营的参与和了解，结合所具备的会计财务和税务方面的专业知识，判断和分析企业经营管理行为，可减少企业避税寻租行为对企业盈余管理的负面影响（陈冬和唐建新，2012）。分析师跟踪、生产和传播行业和企业信息（Piotroski 和 Roulstone，2004）。媒体通过质疑、调查和分析，发挥信息揭示与传递作用（Bushee 等，2010）。媒体还通过引发社会公众关注，对企业施加舆论压力（Dyck 和 Zingales，2004），甚至使监管部门介入（李培功和沈艺峰，2010）。第三，声誉机制发挥约束作用。声誉约束审计师对会计信息质量发挥监督治理作用（Toeh 和 Wong，1993）。声誉机制也是激励独立董事发挥监督治理作用的重要原因（黄海杰等，2016；Francis 等，2015）。

二、税制改革与企业会计财务行为研究

企业所得税、股利税、间接税（增值税）是文献中受关注较多的税种。

(一) 税制改革与企业投资

1. 企业所得税与企业投资

企业所得税与企业投资是文献讨论较多的话题。大量文献研究了企业所得

税税负对企业投资的影响（Brühne 和 Jacob，2019；Ljungqvist 和 Smolyansky，2018；Djankov 等，2010；Cummins 等，1996；Summers 等，1981）。企业所得税税负作用于企业投资的机理涉及：其一，企业所得税税负上升，企业利润减少，降低了资本回报，抑制了企业的资本需求。不少研究以内生经济增长模型为基础，发现征收企业所得税降低了资本的边际回报率，减少了储蓄，减少了资本供给，进而抑制了投资与经济增长（严成樑和龚六堂，2009）。其二，企业所得税税负下降，降低了资本成本，提升了资本回报，增加了企业的资本供给，促进了投资。例如，Cummins 等（1996）使用 14 个 OECD 国家 3 000 家公司的数据研究发现，税负变化会影响资本成本，最终影响企业投资。Cummins 和 Grace（1994）对美国企业所得税改革的检验发现减税会不同程度地促进企业投资。万华林等（2012）研究了 2009 年的增值税改革和 2008 年的企业所得税改革对企业投资和企业价值的影响，发现投资效应和补贴效应共同作用于投资，最终影响企业价值。不少研究以固定资产加速折旧作为外生冲击，研究了企业所得税税负变化对投资的作用，得到实施加速折旧政策能刺激企业固定资产投资的结论（Zwick 和 Mahon，2017；House 和 Shapiro，2008；刘行等，2019）。其中，Zwick 和 Mahon（2017）以 12 万家公司为研究对象，发现实施加速折旧政策能刺激企业进行固定资产投资，且小公司的投资增加在这一政策下比大公司多。研发支出的税收优惠政策也是文献关注较多的外生冲击。Bloom 等（2002）对 1979—1997 年 9 个 OECD 国家研发支出的税收优惠政策进行研究，发现研发支出的税收优惠降低了研发成本：研发成本下降 10%，短期内会使研发水平提升 1%，长期内会使研发水平提升 10%。Rao（2016）也有类似的研究发现。王亮亮（2016b）的实证研究发现，研发支出资本化和费用化会对企业研发投入和技术创新产生影响。其三，税负下降通过增加内源融资来源支撑企业投资。例如，Djankov 等（2010）使用 2004 年 85 个国家的实际税率数据，分析了实际税率变动对企业投资的影响，发现实际税率变动对制造业企业的投资、外商直接投资（FDI）和企业活动均有负向影响,而对服务业企业则没有影响。其四,企业税负对企业投资的负向作用直接影响风险承担和企业家精神(Mukherjee等,2017)。范蕊等(2020)研究发现,新修订的《中华人民共和国企业所得税法》于2008年1月1日起实施后,税率降低的企业的发明专利数量显著增加,表明降低企业税负能够促进企业技术创新,税率下降对企业技术创新的促进效应在民营企业、融资约束强的企业和信贷市场化程度低的地区更显著。

2. 股利税与企业投资

股利税作用于企业投资的机理在于:其一,股利税提高了企业资本成本(Yagan,2015; Poterba 和 Summers,1984),在企业外部融资与内部融资(留存收益)之间产生挤出效应,最终作用于企业投资(Becker等,2013)。其二,股利税改变外部权益融资和内部融资的资本成本,更依赖外部融资的企业更多受到股利税影响,具有更高的投资现金流敏感度(Becker等,2013)。当企业投资的资本来源于留存收益而非新的权益资本时,股利税下降引发的投资增加在缺乏现金流的企业中更显著(Chetty 和 Saez,2010)。Alstadsæter 等(2015)以2006年瑞典股利税下降为外生事件,使用三重差分模型研究发现,降低股利税不影响企业总投资,但影响企业投资配置,相较于现金流约束弱的企业,现金流约束强的企业会进行更多投资。

3. 增值税与企业投资

虽然在 OECD 国家,消费税贡献的税收收入占比超过三分之一(Jacob 等,2019),在中国,"营改增"后,增值税占税收收入的近四成,但是增值税税负对企业投资行为的影响研究还相对缺乏。关于消费税影响企业投资的文献不多,仅限于结论性的文章,或是使用宏观数据进行研究(Jacob 等,2019; Arnold 等,2011; Djankov 等,2010)。尽管如此,为数不多的研究已经发现,增值税作用于企业投资的机制和传导渠道相对丰富,意味着在增值税与企业投资的研究领域还需要更多维度的细致研究。其一,需求弹性大影响税负转嫁,税负上升降低总需求,最终引发增值税税负上升,抑制企业投资。Jacob 等

增值税改革的会计信息效应：基于"营改增"的研究

（2019）以荷兰2012年部分行业增值税上升作为外生事件，使用DID模型研究发现受增值税上升影响的企业投资水平明显下降，在无法转移税基的地区企业投资水平下降得更明显。其二，增值税抵扣链条的建立和完整化会降低税负，刺激企业投资。在增值税改革后，购置机器设备的支出可以作为进项税额抵扣，加拿大增值税改革地区的企业在短期内显著增加了机器设备投资（Smart和Bird，2009）。国内有数篇研究以增值税由生产型向消费型转型作为增值税抵扣链条完整化的外生冲击，研究发现增值税转型后购置固定资产的进项税额可以抵扣，产生了投资促进效应（许伟和陈斌开，2016）。增值税转型的投资促进作用来自固定资产投资，而非技术创新（聂辉华等，2009）。增值税转型也提升了企业生产率（马双等，2019）。

此外，学者们还关注了增值税税率简并的财富效应（列如刘行和叶康涛，2018）、增值税税率与资源配置效率（刘柏惠等，2019）。也有研究涉及增值税改革与企业绩效，例如，Kosonen（2015）以芬兰2007年理发业增值税税率由22%下降到8%作为外生事件，使用DID模型研究发现增值税税率下降后理发业利润、营业收入显著上升，业绩上升的原因是理发行业税负需求弹性小，理发店可以通过定价将税负转嫁给消费者，这一现象在大型理发店中更显著。

（二）税制改革与企业融资

1. 企业所得税改革与资本结构

税制改革与企业债务融资的研究以资本结构权衡理论为基础，研究企业所得税改革对企业债务融资的影响。数量众多的文献发现，税率高的国家企业债务融资水平也更高（Heider和Ljungqvist，2015；Binsbergen等，2010；Maydew，1997；Rajan和Zingales，1995）。Booth等（2001）以17个国家为研究对象，发现各国适用的税率与各国平均负债水平正相关。税率上升，企业负债水平相应上升（例如Binsbergen等，2010；Givoly等，1992）。此后更深入的研究考虑了不同情境下税率与负债水平的关系。例如，Faccio和Xu（2018）研究了29个

OECD国家的税率变化与负债水平的关系,发现只有在避税程度低的国家,负债才对税率变化有反应。这些研究均没有关注负债的税收敏感性的非对称性变动。以动态权衡理论为基础,Heider和Ljungqvist(2015)使用DID模型研究了美国1989—2011年121项企业所得税变化对企业负债水平的影响,发现随着美国渐进式的税率上升,企业负债水平显著上升,税率每上升1%,负债率上升40个基点,而且税率与负债之间的变动关系是非对称的,税率下降时,负债水平并不会下降。原因在于当企业维持一定的负债率时,股东已经把风险内部化,当股东可以承担债务融资的财务困境风险时,随着税率的下降,降低负债率反而会降低企业价值。这一研究发现支持资本结构动态权衡理论(Heider和Ljungqvist,2015)。在中国,2002年取消企业所得税"先征后返"、2008年中国企业所得税改革是研究企业所得税改革与企业债务融资被使用得较多的外生事件。吴联生和李辰(2007)、王跃堂等(2010)分别以2002年取消"先征后返"、2008年中国企业所得税改革作为事件背景,研究发现事件中税负上升企业的负债融资显著多于税负下降的企业,为资本结构权衡理论提供了支持证据。而且,研发支出的非债务税盾效应替代了债务税盾效应(王亮亮和王跃堂,2015)。

2. 个人所得税改革与资本结构

这方面的研究多数关注股利税。降低股利税可减少权益资本成本(例如Schepens,2016;Green和Hollifield,2003),因此股利税下降的同时企业债务融资水平会降低。2003年,美国针对个人所得税的改革使企业负债水平下降了5个百分点(Lin和Flannery,2013)。

3. 增值税改革与企业融资约束

国内关于"营改增"的研究发现,购入固定资产以及外购原材料的进项税额抵扣在降低税负的同时,会增加企业现金持有量,降低现金的现金流敏感度(乔睿蕾和陈良华,2017)。岳树民和肖春明(2017)发现,"营改增"带来的进项税额抵扣机制有效促进了上市公司的商业信用融资,且对其获得上游企业商业信用规模的影响程度要高于其下游企业。

对税制改革与企业实体经济行为的研究大多关注企业所得税改革。2018年，我国增值税占税收收入的比重为40.52%。相当一部分的OECD国家消费税收入占税收收入的比重较高（Brühne和Jacob，2019）。因此，研究增值税改革对企业实体经济行为的影响具有重要的理论意义和政策指导作用。

增值税改革对企业实体经济行为的影响机制目前也以讨论增值税抵扣链条的影响为主。增值税税率简并、退还增值税留抵税额的改革通过价格渠道和抵扣渠道直接减少企业增值税税负，需求弹性、产业互联等都能够影响增值税改革对企业实体经济行为的作用。

现有研究尚未分析企业如何应对增值税改革，从而改变增值税改革对实体经济行为的影响。作为理性决策的主体，企业会采取一系列应对增值税改革的行为。日本于1989年实行的增值税制度规定小规模企业适用较低的增值税税率，Onji（2009）使用非参数估计的研究方法发现，在该增值税政策颁布的窗口期内，日本新增了数量众多的小规模企业。Harju等（2019）、Asatryan和Peichl（2016）分别对芬兰、英国、亚美尼亚的研究也发现存在类似的增值税门槛效应。因此，增值税改革与企业实体经济行为研究不能忽略企业为迎合增值税改革所采取的趋利行为。

（三）税制结构与经济增长

对税制结构与经济增长的研究以内生经济增长模型为基础，研究税制结构是否刺激或扭曲经济增长（Arnold等，2011；Angelopoulos等，2007；Kneller等，1999；Mendoza等，1997；Stokey和Rebelo，1995；Barro，1990；King和Rebelo，1990；Lucas，1990）。提升资本所得税税率会降低资本的税后收益率，抑制资本积累和投资，使经济增长率下降；提升劳动所得税税率会降低工资的税后回报率，从而抑制劳动投入，使经济增长率下降（严成樑和胡志国，2013；严成樑和龚六堂，2009）。Arnold等（2011）用企业所得税、消费税的相对比重衡量税制结构，根据21个OECD国家34年的数据研究税制结构对经济增长的影响，发现企业所得税会抑制经济增长。Mendoza等（1997）对18个OECD国家1966—1990年的数据进行检验，结果发现劳动所得税和资本所得税上升会降低经济增长率。Kneller等（1999）根据22个OECD国家1970—1995年的数据进行的研究也有类似的发现。刘溶沧和马拴友（2002）研究发现我国消费税可微弱地促进经济增长，但是所得税会抑制经济增长，原因在于税收中性的消费税没有扭曲资本的收益率。

税制结构与经济增长是经济学中非常重要的研究话题，但是，现有文献讨论税制结构与效率、居民福利较多（Arnold等，2011；严成樑和胡志国，2013）。目前研究税制结构与经济增长的文献也多是涉及劳动所得和资本所得纳税的。增值税是税制结构中的重要部分，尤其在不少发展中国家，增值税贡献的税收收入占比超过企业所得税和个人所得税，但是，目前还鲜有文献研究增值税、企业所得税、个人所得税的税制结构对经济增长的影响及传导机制。可能的原因是消费税（包括增值税）被认为具有税收中性特征，理论研究文献认为增值税能在增加税收收入（Keen和Lockwoo，2010）的同时，不损害居民福利，不扭曲资本收益（刘怡和聂海峰，2009）。需要持续关注以所得税为基础的税制结构和以消费税为基础的税制结构对长期经济增长的影响和作用机制（Kneller等，1999）。

我国以增值税为核心的税制改革如何促进经济增长和企业健康发展，其微观传导需要深入的研究。其中，一个值得关注的重要维度是增值税改革对企业会计信息的影响和作用机制。

三、税收与会计信息质量研究

税是影响会计信息质量不可忽略的重要因素（Donohoe和Knechel，2014；Graham等，2012；Balakrishnan等，2012；Hanlon等，2012）。现有研究关注的基本上是企业所得税对会计信息质量的影响。

增值税改革的会计信息效应：基于"营改增"的研究

（一）企业所得税与会计信息质量

所得税会计是会计研究中较为复杂的领域，近年来，财务会计和企业所得税研究者越来越多地致力于所得税会计研究。Graham 等（2012）回顾了会计研究领域三大顶级国际期刊（*The Accounting Review*、*Journal of Accounting and Economics*、*Journal of Accounting Research*）上的所得税研究文献，发现该类研究文献中的所得税会计研究文献数量呈上升趋势。

企业所得税与会计信息质量文献的已有研究结论可归纳为以下几个方面：第一，企业所得税与盈余管理；第二，会计利润、应税利润之间的差异与盈余质量；第三，企业所得税影响会计信息质量的经济后果。第四，企业避税与会计信息质量。

1. 企业所得税与盈余管理

20 世纪 90 年代后，学术界和实务界发现企业会计利润与应税利润之间的差距（tax-book difference）越来越大，有学者认为这是由于企业可以通过会计准则与税规间的差异，在进行盈余管理的同时，并不影响其应交所得税，即会计盈余与避税间不一定有相关关系。

但是，更多的研究发现企业税收与盈余管理之间存在相关关系，即企业盈余管理影响企业税收。Dhaliwal 等（2004）提出企业通过所得税费用进行了盈余管理。Frank 等（2009）发现企业避税程度与盈余管理之间存在显著正相关关系。Hanlon（2005）发现，企业会计利润与应税利润差距越大，盈余持续性越差，但未给出原因。Guenther（1994）以美国 1986 年税制改革为背景（税制改革使最高税率由 46% 降至 34%），研究税率变化是否对盈余管理产生影响。如果企业通过税收最小化使企业价值最大化，则税制改革应使企业应计发生变化。虽然税率降低可能使企业进行盈余管理，但由此产生的成本可能也会使企业放弃通过递延收益获得的税收上的好处。该研究发现，大公司在税率降低前一年有显著少的应计，这种应计与负债水平正相关（即负债能抑制应计管理）。税率降低使企业有动机将当年利润递延至以后各期，从而达到少交税的目的。面对可能的税率下降，管理层可以在当年增加费用支出，或是将利润递延至以后各期。Scholes 等（1992）、Boynton 等（1992）对美国 1986 年税制改革的研究也有类似发现，企业会增加研发支出做大费用，或递延销售来递延收益，受到税制改革影响的企业会把 1987 年的盈余转至 1986 年进行反映。Badertscher 等（2009）辨析了企业使用影响税的盈余管理手段的情况，发现企业更多使用了不遵守税规的盈余管理手段，但是当企业净经营损失大、聘请高质量外部审计时，企业多使用遵守税规的盈余管理手段。企业通过调整负债水平来达到税务方面的目的，通过对应计进行盈余管理来达到财务报告方面的目的。Beatty 等（1995）提出，企业通过系统性的盈余管理来实现资本、税收和盈余方面的目标，而不是只改变其中一个。与企业所得税相关的应计项目有助于企业实施盈余管理（Hanlon 等，2012）。而且，应计项目的估计需要管理层进行主观判断，增加了盈余管理的可操控性。因此，企业所得税相关项目会产生财务报告风险（Graham 等，2012）。

2. 会计利润、应税利润之间的差异与盈余质量

虽然学者们基本一致认为会计利润、应税利润之间的差异会影响盈余质量（如盈余增长性和盈余持续性），但对产生相关性的内在机理和原因的分析并未达成一致。一方面，Lev 和 Nissim（2004）提出会计利润与应税利润差异假说，认为会计利润与应税利润差异大表明未来会计利润高。他们对会计利润、应税利润的差异与盈余增长性进行了回归，二者的正相关关系支持该差异假说。另一方面，Hanlon（2005）则提出相对立的观点，她研究了会计利润、应税利润的差异与盈余持续性的关系，发现会计利润、应税利润的差异越大，会计盈余、会计应计和现金流的持续性均越差，意味着会计利润与应税利润之间的差异较大表征较低的盈余质量。Schmidt（2006）也发现了企业所得税与会计信息质量的持续性的类似关系，但他认为企业所得税与会计信息质量的持续性之间的关系源于管理层使用所得税进行盈余管理，目的在于迎合分析师的预

测。这一研究发现与 Dhaliwal 等（2004）的研究一致，均未发现税与会计信息质量间的关系反映管理层的其他自利动机。

企业所得税支出具有会计信息含量。Ohlson 和 Penman（1992）以及 Lev 和 Thiagarajan（1993）较早提出了税收支出与公司价值呈正相关关系的观点。Hanlon（2005）发现应纳税所得额具有增量信息含量。Thomas 和 Zhang（2011）随后研究发现税收支出包含有关核心获利能力的信息，该信息相对于报告的收入而言是递增的，且信息在股票价格中有所反映，季节性差异的季度税收支出与未来收益正相关。Kerr（2019）研究发现征管力度的加强能使税务信息更真实地反映在公司数据中。

虽然会计利润、应税利润之间的差异会影响会计信息质量，但是否需要提高会计利润与应税利润的相符度，研究者们并未达成一致意见。一方面，会计应计可被管理层用于向外部传递私人信息，减少现金流包含的噪音；另一方面，会计应计也为管理层的机会主义行为所利用，产生噪音（Dechow, 1994；Dechow 和 Dichev, 2002）。

所以，就是否应通过监督手段提高会计利润与应税利润的相符度，研究文献形成了两种对立的观点。其中一方主张，提高会计利润与应税利润的相符度可提高盈余质量。会计利润与应税利润的差异越大，盈余质量越差，因为管理层一方面通过做低应税利润来实施避税，另一方面通过做高会计利润报告给股东，实现机会主义行为。所以，提高会计利润与应税利润的相符度可以对管理层形成一种约束，抑制盈余管理（Desai, 2005）。这一观点得到政策制定者的支持，他们认为提高会计利润与应税利润的相符度可以抑制逃税。会计利润与应税利润的相符度提高可以降低避税程度，从而提高盈余质量和纳税遵从程度（Desai, 2005；Whitaker, 2005；Hanlon 等, 2005；Hanlon 等, 2008）。

另一方主张，提高会计利润与应税利润的相符度会降低会计信息含量。Ali 和 Hwang（2000）提出，税规的制定更多受政治、社会和经济目标的影响，而会计准则的制定更多受投资者信息需求的影响。财务报告信息与税务当局主导的税务信息不同，如果过于强调会计利润与应税利润的相符度，则可能导致会计信息含量下降。Hanlon 等（2005）发现会计利润比应税利润的信息含量高，如果改变会计利润的核算方法，提高二者的相符度，反而会降低盈余的信息含量。Hanlon 等（2008）对匹配样本使用 DID 模型，用盈余反应系数衡量信息含量，比较研究样本组与控制样本组，发现虽然研究样本组提高了会计利润与应税利润的相符度，但其会计盈余的信息含量下降，表明提高会计利润与应税利润的相符度会导致噪音产生，掩盖盈余包含的私人信息，而管理层需要依赖盈余向外部投资者传递信息，相符度的提高使盈余反应系数变小。Atwood 等（2010）构造了一个衡量相符度的指标，发现相符度越高，盈余持续性越低，盈余与未来现金流的相关性越低。Guenther 等（1997）的研究认为提高会计利润与应税利润的相符度会导致企业改变其财务报告。这些研究表明，会计利润与应税利润不相符为管理层通过会计利润向外部投资者传递信息提供了灵活性，虽然这会使股东承担管理层的机会主义行为后果，但这种灵活性带来的收益仍大于由此产生的机会主义成本。

3. 企业所得税影响会计信息质量的经济后果

递延税款、会计利润与应税利润的差异是企业所得税影响会计信息质量的经济后果研究领域关注较多的具体切入点。Amir 和 Sougiannis（1999）对分析师预测进行分析发现，分析师认为递延税款代表未来盈余的持续性较差，未来损失的可能性较大，递延税款对预期盈余和股票价格会产生负面影响。Mills 和 Sansing（2000）构造的理论模型表明，会计利润与应税利润差异越大的企业，越易受到国内税收署的审计。由于企业多依赖贷款融资，Ayers 等（2010）研究发现贷款分析师会将会计利润与应税利润差异提供的会计信息纳入贷款评级分析中。

4. 企业避税与会计信息质量

会计学、财务学对企业避税的详细综述请参见 Shackelford 和 Shevlin（2001）、Hanlon 和 Heiztman（2010）、Graham 等（2012）。这里我们仅综述与

本书研究相关的企业避税和避税影响会计信息质量的研究文献。

（1）企业避税研究的理论基础

避税的企业价值观、避税的权衡观和避税的代理观是会计学、财务学领域企业避税研究文献的重要理论基础。

避税的企业价值观（firm value view of tax avoidance）认为，避税减少了企业现金流出，使财富由国家转回股东手中，提升了企业价值。支持证据方面，税盾在一定程度上对冲了税率上升给企业价值带来的负面影响（Doidge 和 Dyck，2015）。企业通过避税增加现金来源，防御经营环境变化（Katz 和 Owen，2013）。国内学者用避税的企业价值观从产权性质角度分析国有企业与民营企业避税程度的差异。研究发现，与国有企业相比，民营企业旨在实现企业价值最大化，民营企业股东与政府之间在税收上存在利益分配的冲突，因此其避税的可能性要大于国有企业（王跃堂等，2010、2012）。企业避税增加内源融资缓解融资约束的研究文献也为避税的企业价值观提供了支持证据（Beck 等，2014；Cai 和 Liu，2009；刘行和叶康涛，2014；王亮亮，2016a）。

避税的权衡观（trade-off view of tax avoidance）认为避税是边际收益和边际成本之间的权衡。避税的权衡观最为关注的避税成本是避税行为被发现后受处罚的成本，这取决于税务征管机构执行税法的力度。支持证据方面，Desai 等（2007）利用普京当选总统事件来度量俄罗斯的税收执法力度，发现普京当选总统后俄罗斯石油企业的避税程度下降。范子英和田彬彬（2013）利用中国 2002 年所得税分享改革的自然实验度量了税收执法力度，证实地方税务局对企业所得税的执法不力导致了大范围的企业避税。

避税的代理观（agency view of tax avoidance）认为，复杂隐蔽的避税活动会扭曲对管理层的激励（Chen 和 Chu，2005），降低企业透明度，加大企业与外部市场的信息不对称程度，易伴生管理层寻租行为（Desai 和 Dharmapala，2006、2009；Desai 等，2007；Slemrod，2004）。因此，避税的代理观认为企业避税可能产生效率损失。在支持证据方面，研究文献从不同角度对避税代理成本提供了证据。Desai 和 Hines（2002）发现当美国公司宣布离岸公司为母公司时，市场给予了负面的反应。Hanlon 和 Slemrod（2009）研究了公司避税消息的市场反应，发现平均股价会下降1.04%，这一效应在消费者主导的零售业等行业中更显著，因为在这些行业中，消费者承担了大部分的税负。Frischmann 等（2008）研究了 FIN48 条款（美国《所得税不确定性的会计处理方法》）的市场反应，发现市场对增加税收方面的信息披露给予了正面反应。Kim 等（2011）使用 1995—2008 年美国公司数据，发现避税与公司股价崩盘存在相关关系，内在机理是避税掩盖了管理层寻租，也掩盖了由此产生的坏消息，坏消息积累到一定程度集中爆发，导致股价崩盘。Hanlon 等（2015）发现节税现金流可被用于无效投资。企业避税可因代理问题导致企业业绩下降（Mironov，2013）。避税代理成本研究得出了比较一致的结论。

（2）避税影响会计信息质量的研究文献

以避税的权衡观为理论基础，研究文献扩大了避税成本讨论对象的范围。避税的财务报告成本、声誉损失是会计学文献中讨论较多的避税成本。避税的财务报告成本研究认为，企业避税会降低会计信息质量。第一，避税导致会计信息透明度和企业透明度下降（Hope 等，2013；Balakrishnan 等，2012）。信息不对称会产生企业不能正确定价的隐性成本（Balafoutas 等，2015）。第二，与税收有关的应计项目成为盈余管理的手段（Graham 等，2012；Hanlon 等，2012；Skinner，2008）。第三，企业避税会提高未来盈余的不确定性，降低盈余持续性（Weber，2009；Hanlon，2005；Lev 和 Nissim，2004），甚至可能引发财务重述（Badertscher 等，2009；Graham 等，2012）。第四，避税会弱化会计信息质量导致审计成本上升。Hanlon 等（2012）、Donohoe 和 Knechel（2014）发现审计师会提高审计收费以匹配审计的努力程度和弥补审计风险。Zang 等（2013）发现如果审计师无法通过付出更多审计努力和提高审计收费来控制客户企业避税导致的审计风险，他将会辞职。

避税的声誉损失研究文献认为，避税传递了关于企业形象的负面信息，会损害企业声誉。Graham 等（2014）的调查研究、Gallemore 等（2014）的市场反应研究、Chen 等（2010）对家族企业的研究为避税的声誉损失提供了证据。

（3）企业避税的微观层面影响因素实证研究

企业避税的微观层面的影响因素主要涉及企业经营和财务特征（Klassen 和 Laplante，2012；Martini 等，2012）、高管薪酬，高管政治背景（Armstrong 等，2012；Dyreng 等，2010；Desai 和 Dharmapala，2006；吴文锋等，2009）、高管个人避税偏好（Chyz 等，2013；Dyreng 等，2010）、公司治理、内部控制、企业社会责任（Armstrong 等，2015；Gallemore 和 Labro，2015；Brown 和 Drake，2014；De Simone 等，2015；Hoi 等，2013；McGuire 等，2014；Badertscher 等，2013；Chen 等，2010；Desai 等，2007）、所有权（McGuire 等，2014），股权性质（王跃堂等，2010、2012；吴联生，2009）等。

第一，企业经营和财务特征。在企业规模方面，一方面，大企业受到公众更广泛的关注，"政治成本"将导致其实际税率较高（Zimmerman，1983）；另一方面，大企业可以运用更多的资源进行税收筹划与政治游说，使实际税率较低。Rego（2003）发现海外经营程度更高、子公司位于避税天堂的企业所得税规避程度更高。在资产特性方面，Derashid 和 Zhang（2003）发现由于长期资产的加速折旧可以降低税负，因此，资本密集度与实际税率负相关；而资本密集度高往往意味着存货密集度低，因此，存货密集度与企业实际税率正相关。在杠杆水平方面，由于利息具有抵税功能，因此财务杠杆高的企业实际税率相对要低；相反，由于债务的利息具有抵税功能，因此实际税率较高的企业倾向于举债，实际税率与财务杠杆之间也可能存在正相关关系。但是，Graham 和 Tucker（2005）对因避税而被起诉的企业进行研究，发现这些企业的杠杆水平并不高，认为企业可进行多种避税交易，所以并不倚重负债的税盾作用。在企业盈利和亏损方面，Dyreng 和 Lindsey（2009）认为企业投资机会和获利能力会影响企业税负程度。

第二，高管薪酬。高管视角的研究较一致地认为高管在企业避税中扮演重要角色。在高管薪酬与避税研究方面，Crocker 和 Slemrod（2004）以股东与企业税务经理之间的薪酬契约关系为分析对象，发现企业税务经理薪酬契约与企业实际税率明确挂钩。Armstrong 等（2012）发现企业负责税务的高管的薪酬越高，企业税收支出越少。Desai 和 Dharmapala（2006）发现，提高高管薪酬可以降低企业避税程度，这一效应在治理差的企业中会更明显。

第三，高管政治背景。企业实际控制人、高管的政治身份和政治联系能够为企业获取更多税收优惠，降低税收负担（Kim 和 Zhang，2016；李维安和徐业坤，2013；吴文锋等，2009）。

第四，高管个人避税偏好。Dyreng 等（2010）通过捕捉高管的任职经历，对比分析高管被聘用前后企业避税的变化，以及高管离职前后企业避税的变化，发现企业高管个人会对避税决策产生重大影响。Chyz 等（2013）也有类似的发现，即偏好避税的高管所在企业避税的程度会更高。

第五，公司治理、内部控制、企业社会责任。研究文献较为一致地认为，公司治理、内部控制和企业社会责任对避税代理问题有抑制作用。在公司治理方面，Chen 等（2010）、Desai 和 Dharmapala（2009）发现机构投资者的信息挖掘和分析产生的治理效应可以抑制复杂避税行为伴生的寻租行为，机构投资者持股比例高的企业，通过避税减少税收支出可以提升企业价值。陈冬和唐建新（2013）对中国上市公司的研究也发现在公司治理好的企业，通过避税减少税收支出可以提升企业价值。Armstrong 等（2015）运用分位数回归（quantile regression）识别出提升企业价值的避税程度和降低企业价值的避税程度，他们发现在避税程度低的第 1—3 分位数，公司治理推动企业避税程度上升，此时，企业避税会提升企业价值，而在避税程度高的第 7—9 分位数，公司治理会抑制企业避税程度的上升，此时，企业避税会降低企业价值。Brown 和 Drake（2014）发现与低税率企业的关系联结会降低实际税率。企业内部信息环境方面的研究发现，好的内部信息环境能减少避税代理成本，所以内部信息环境好的企业避税程度更高（Gallemore 和 Labro，2015）。在外部审计的研究领域，

De Simone 等（2015）发现，审计师提供的税收服务有助于审计师深入识别对财务报告产生重要影响的交易和事项。Beck 和 Lisowsky（2014）发现，税收审计影响企业税收不确定性信息的披露。Christensen 等（2015）发现，审计师的专业能力和知识溢出能缓解或消除通过税收项目实施的盈余管理。关于社会责任的研究中，Hoi 等（2013）发现，由于企业社会责任反映企业诚信，具有声誉约束功能，因此承担社会责任越少的企业越可能更大程度地减少所得税支出。在内部控制方面，研究发现，内部控制对高程度的避税有监督和抑制作用（李万福和陈晖丽，2012）。在其他治理机制方面，Chyz 等（2013）发现，工会的监督作用能降低企业避税的程度。

第六，所有权。在所有权结构方面，投票权和现金流权的分离对企业避税的影响尚未取得一致结论。一种观点认为，投票权和现金流权的分离体现代理问题，所以投票权和现金流权的分离程度越高，企业避税越少（McGuire 等，2014）。另一种观点认为，在投票权和现金流权集中的企业中，管理层的风险厌恶程度较高，企业避税较少（Badertscher 等，2013）。

第七，股权性质。对于国有股权与企业避税的关系的研究也尚未取得一致结论。一种观点认为，国有企业肩负多缴税的社会责任，而且政府与国有企业股东之间不存在利益分配冲突，因此，国有企业较少避税（陈冬等，2016；Chan 等，2013；曹书军等，2009；吴联生，2009；郑红霞和韩梅芳，2008），并且更少利用债务税盾和工资税盾避税（王跃堂等，2010、2012）。国有企业高管面临着持续的政治晋升评估，政治晋升是对国有企业高管的有效激励（Li 和 Zhou，2005；Cao 等，2018）。国有企业多缴税有利于其高管的职业晋升（Bradshaw 等，2019）。另一种观点认为，国有企业与政府的天然政治联系更易带来税收优惠和宽松的税收征管，因此税收负担较轻（刘骏和刘峰，2014；Adhikari 等，2006；陈晓和李静，2001）。

（4）企业避税的宏观层面影响因素实证研究

现有从宏面层面对企业避税影响因素进行的研究主要涉及税制、会计准则、金融发展等。

税制层面的研究视角较多，主要的研究发现有：其一，税收征管效率具有治理功能（Desai 等，2007；曾亚敏和张俊生，2009），提高税收征管效率可以抑制企业避税（范子英和田彬彬，2013）。其二，国家和地区间税法差异引致跨国公司转移收入、费用和利润（Johannesen，2014；Klassen 和 Laplante，2012；Martini 等，2012）。其三，跨国公司的国外子公司偏好分布于股利税征收力度较轻的国家和地区（Dyreng 等，2015）。其四，税制改革通过降低企业税负和提高流动性来提高企业投资效率和企业价值（万华林等，2012；聂辉华等，2009；Smart 和 Bird，2009）。其五，国际税收征管实施属地征税原则后，企业更少避税，现金积累更少，股利支付和回购更多（Arena 和 Kutner，2015；Atwood 等，2012）。

会计准则方面，税法偏离会计准则的程度越高，企业避税的程度越高（Chan 等，2010）。企业所得税会计使用应计制的原因在于，应计制能缓解现金流的时限和匹配问题，更能揭示企业业绩（Goncharov 和 Jacob，2014）。

金融发展程度方面，发达的信用信息分享系统与高度的金融机构渗透程度降低了企业避税的程度（Beck 等，2014），金融发展显著提升了企业的所得税支付水平（刘行和叶康涛，2014）。

（二）税制改革对会计信息质量的影响

企业所得税改革是国内外文献关注较多的税制改革事件，衍生出大量有关会计信息质量的研究文献。诸多国外文献关注了美国 1986 年税制改革与盈余管理的关系，基本上一致发现，税制改革导致企业所得税税率下降，企业跨期转移利润进行盈余管理可以降低税收成本，提升企业价值（Graham 等，2012；Shackelford 和 Shevlin，2001）。具体的研究发现包括：企业将利润递延到税率下降的税制改革后年度，税制改革前一年企业收入下降，而且经营性应计显著为负（Guenther，1994）。而 Lopez 等（1998）则发现避税动机强的企业更愿

增值税改革的会计信息效应：基于"营改增"的研究

意把非操控性经营应计递延到税制改革后年度。Maydew（1997）发现企业把净经营亏损在税制改革前一年的第四季度与税制改革后一年的第一季度之间进行了转移。

我国2008年企业所得税改革也为研究税制改革与企业会计、财务行为提供了契机。虽然这一次所得税改革使部分企业的企业所得税税率上升，部分企业的企业所得税税率下降，但是，不少研究同样关注了企业是否利用税制改革引致的税率变化进行盈余管理。例如，王跃堂等（2009）发现税率下降的企业通过盈余管理把利润递延到税率下降的税制改革后年度，而且市场认可利润的跨期转移。李增福等（2011a）提出，股东监督管理层的动机和力度随税率变化而变化，在税率上升时，管理层受股东监督的力度减小，相反，在税率下降时，管理层受股东监督的力度加大，因此，2008年企业所得税改革中税率上升的企业更多采用真实盈余管理，税率下降的企业更多采用应计盈余管理。赵景文和许育瑜（2012）也分析了税率与盈余管理方式的选择，发现税率下降的企业进行向下的应计盈余管理可以获得较大的避税边际收益，税率上升的企业没有实施明显的盈余管理行为。盖地和胡国强（2012）进一步发现，企业在决定是否针对税率下降递延确认收入和利润时，权衡了由此产生的财务报告成本。而且，2008年的所得税改革可以在不引起会计利润变化的同时，实现应税利润的转移（王亮亮，2014）。此外，2008年企业所得税改革把工资薪酬的限额扣除修改为全额扣除，扩大了工资税盾效应，企业把工资递延到改革第一年的第一季度发放以获得更大的税盾价值。王亮亮和王娜（2015）的研究为工资的跨期转移行为提供了支持证据。

四、增值税改革研究

增值税转型改革、"营改增"、后"营改增"时代增值税税率简并及退还增值税留抵税额是我国增值税改革的重要阶段，勾勒出到目前为止我国增值税改革的轨迹。目前，国内增值税改革的政策效果研究主要集中在增值税转型改革和"营改增"上。因此，本部分将梳理增值税转型改革、"营改增"的政策效果研究，简要分析增值税税率简并、退还增值税留抵税额的相关研究，并在此基础上进行简要述评。

（一）增值税转型改革的政策效果研究

1. 固定资产投资促进效应

2004—2009 年，我国陆续在东北地区、中部地区、四川、其余省市逐步推进生产型增值税转向消费型增值税（许伟和陈斌开，2016；高培勇，2008）。企业购入固定资产支付的增值税进项税额可以用于抵扣企业的增值税销项税额，从而减少企业增值税税负，因此能够刺激企业的固定资产投资。政策效果研究也主要关注增值税转型改革是否促进了企业投资。聂辉华等（2009）、聂海峰和刘怡（2009）、Cai 和 Harrison（2011）、万华林等（2012）、Liu 和 Lu（2015）、申广军等（2016）、Liu 和 Mao（2019）分别使用东北地区、中部六省、四川、全国范围逐步推进增值税转型改革事件进行 DID 设计，研究发现增值税转型可刺激企业进行固定资产投资，表现出明显的投资促进效应。Zhang 等（2018）、许伟和陈斌开（2016）进一步测算和检验了固定资产投资对税负的弹性，分别发现投资对增值税税负的弹性为 0.28、0.16，平均而言，增值税税负每下降一个百分点，投资增加 28%、16%，投资的税负弹性在行业中存在差异。增值税转型中附属于企业集团的上市公司的固定资产投资规模显著大于独立上市公司（倪婷婷和王跃堂，2016）。

2. 资本与劳动力的替代或互补效应

增值税转型在促进固定资产投资的同时，可能对劳动力需求产生替代效应，也可能由于固定资产投资扩大了生产规模，增加了对劳动力的需求（陈烨等，2010）。聂辉华等（2009）发现增值税转型改革在促进企业固定资产投资的同时会减少劳动力需求，支持替代效应。王跃堂和倪婷婷（2015）进一

增值税改革的会计信息效应：基于"营改增"的研究

步发现增值税转型后资本对劳动力的替代效应受产权性质的影响，民营企业对劳动力的需求减少得更明显。申广军等（2016）发现增值税转型对大幅度增加固定资产投资的民营企业、中西部企业和非出口企业的劳动力需求产生微弱的替代效应。聂海峰和刘怡（2009）则发现增值税转型改革在促进企业固定资产投资的同时会增加劳动力需求，支持互补效应。刘璟和袁诚（2012）的研究也支持增值税转型对劳动力需求的互补效应。

（二）"营改增"的政策效果研究

学者们已从多个维度研究了"营改增"的政策效果，主要涉及行业税负（杨斌等，2015；王玉兰和李雅坤，2014；杨默如，2010）、社会分工（范子英和彭飞，2017；陈钊和王旸，2016）、企业税负（曹越和李晶，2016）、财政收入（田志伟和胡怡建，2014；高培勇，2013）、居民福利（倪红福等，2016；汪昊，2016）、企业融资和研发（李林木和汪冲，2017；乔睿蕾和陈良华，2017；李成和张玉霞，2015）等。

"营改增"前后的税负变化是"营改增"的政策效果研究首先关注的问题，"营改增"后不同行业企业的税负有的上升有的下降。行业税负研究分别关注了"营改增"涉及的服务业、交通运输业、金融业等（郭均英和刘慕岚，2015；田志伟和胡怡建，2014；王玉兰和李雅坤，2014；李梦娟，2013；姜明耀，2011）。郭均英和刘慕岚（2015）以2012年1月首批在上海试点的上市公司为样本，发现这些企业的税负在"营改增"后出现了显著降低。刘代民和张碧琼（2015）测算了商业银行税负，认为"营改增"能显著降低商业银行业的整体税负，但不同类型商业银行的税负降低程度可能不同。与此同时，有不少学者发现部分行业税负存在不降反升的现象。王玉兰和李雅坤（2014）测算了在上海上市的交通运输企业2011年公开披露的财务报表数据，通过对流转税、企业所得税和综合税负的衡量，发现"营改增"后交通运输业企业增值税一般纳税人税负水平上升、盈利水平下降。潘文轩（2012）利用投入产出表数据测算了增值税扩围改革对各服务业企业税负的影响，发现服务业等大多数行业的企业税负将减轻，但租赁业等部分行业的企业税负可能会加重。从减税效应上看，金融业在刚进行改革时，"营改增"对不同行业和企业的影响存在差异，比如保险业的实际税负明显低于其他金融行业（尹音频等，2017），并且整个行业出现暂时性税负上升的局面，但长期来看，改革有助于降低行业的整体税负（杜莉等，2019）。"营改增"后金融业的收入和成本由于价税分离而同时减少，营业税金及附加减少（袁业虎和耿海利，2017）。肖皓等（2014）使用可计算的一般均衡（CGE）模型模拟分析，发现"营改增"降低了金融业税负。在企业税负层面，曹越和李晶（2016）运用倾向得分匹配法（PSM）和DID模型研究发现，"营改增"试点地区企业的流转税税负长期略有下降。范子英和彭飞（2017）则发现"营改增"的减税效应仅明显存在于具备产业互联的企业中。

在"营改增"与社会分工研究方面，社会分工被视为联结"营改增"与税负变化的重要中间机制（陈钊和王旸，2016）。陈钊和王旸（2016）发现，"营改增"后，部分制造业企业由原来自给自足提供生产性服务变为对外经营该业务，企业经营范围扩大到"营改增"涉及的行业，为"营改增"促进专业化分工提供了证据。范子英和彭飞（2017）进一步认为，"营改增"能否深化专业化分工取决于上下游企业间是否具有足够强的产业互联，而且深化的条件是上游企业必须是增值税纳税企业，因此，专业化分工的促进效应仅存在于产业互联程度高的企业中。梁若冰和叶一帆（2016）发现，"营改增"试点地区的企业与上下游企业的贸易额增长在"营改增"之后均显著高于非试点地区企业的贸易额增长，也验证了"营改增"促进专业化分工的观点。

"营改增"是否增加财政收入，研究尚未达成一致结论。一方面，基于已有的增值税研究文献，增值税具有累退性，在发展中国家可能最终导致整体税负增加（Emran 和 Stiglitz，2005），财政收入显著增加（Keen 和 Lockwoo，2010）。虽然我国"营改增"的改革目标是降低企业税负，但是，"营改增"

对财政收入的影响程度主要取决于营业税和增值税税率、服务业增值率、产品和服务的中间投入结构（胡怡建和李天祥，2011）。田志伟和胡怡建（2014）使用 CGE 模型研究发现试点行业短期内财政收入下降，但长期来看税收收入将增加。同时，田志伟和胡怡建（2014）从国家宏观层面发现"营改增"具有一定的经济拉动作用，短期内减税效应明显，但随着经济活力的提升，税基的扩大会使税收水平缓慢回升。另一方面，"营改增"也可能增大地方政府的财政收入压力。郭庆旺（2019）认为，减税降费政策在减轻企业税收负担的同时也会给各级财政带来巨大压力。刘和祥和诸葛续亮（2015）从地方财政角度进行分析发现，"营改增"后，绝大部分地区财政受损或获益不大，地方财政面临失衡问题。王健等（2017）发现，"营改增"引起地方政府财政赤字规模扩大，地方政府不得不寻求土地财政的支持。

"营改增"对居民福利影响的研究结论也不尽相同。一方面，有学者认为，"营改增"能提高居民福利（平新乔等，2009）；而且，对全部商品征收增值税所带来的居民福利，大于只对部分商品征收增值税和不征收增值税的情况（Bye 等，2012）。如果"营改增"减轻居民平均税收负担，居民平均收入将上升，收入分配将得到改善（汪昊，2016）。杨玉萍和郭小东（2017）利用城镇住户调查的分组数据研究了全面推开"营改增"试点对居民间接税负担和收入再分配的影响，发现"营改增"将为企业减负的政策福利传导给了居民，降低了居民税负，表现为"营改增"后城镇各收入组的间接税平均税负降低，且低收入家庭的税负下降幅度大于高收入家庭。刘柏惠（2015）研究了 2012 年以后的物价变动，发现几乎所有产业的生产者价格都出现下浮，消费者价格也同时下浮 1.556%，这表明作为一项影响广泛的财税改革，"营改增"也造成了价格体系的浮动，而这种下浮能有效抑制通货膨胀。另一方面，有学者认为，如果加大税收征管力度，增值税的累退性将加剧居民税收负担（倪红福等，2016）。

在企业研发创新方面，目前的研究文献基本达成一致，"营改增"能促进企业研发创新。李林木和汪冲（2017）以新三板挂牌公司为分析对象，研究发现增值税税负的增加降低了企业的创新能力。王桂军和曹平（2018）则发现专业化分工降低了制造业企业的自主创新意愿，但自主创新意愿的降低并没有对制造业企业的盈利能力和企业价值造成影响，因为企业的技术引进水平得到了提高。袁从帅等（2015）发现"营改增"加大了企业的研发投入力度，还提升了雇佣人员的工资水平。袁建国等（2018）也发现"营改增"减轻了企业负担，刺激企业特别是先试点企业和非国有企业进行研发和技术创新。由于购入固定资产的进项税额可以抵扣，因此"营改增"企业增加了固定资产投资（李成和张玉霞，2015）。邹洋等（2019）的研究也证实了"营改增"对企业创新投入的积极作用，研究根据2010—2017年的面板数据得出结论，"营改增"打通了产业间的抵扣链条，允许研发费用扣除，降低了企业的创新成本，促进了企业先进的技术装备投资和研发投资，进而提高了企业自主研发的积极性和主动性，并助力了企业创新。

在企业融资方面，购入固定资产以及外购原材料的进项税额抵扣，在降低税负的同时，会增加企业的现金持有量，降低现金的现金流敏感度（乔睿蕾和陈良华，2017）。岳树民和肖春明（2017）发现，"营改增"带来的进项税额抵扣机制有效促进了上市公司的商业信用融资，且对上市公司获得上游企业商业信用规模的影响程度要高于其下游企业。

在产业升级研究方面，"营改增"全面实施后，原适用营业税的企业也能抵扣进项税额，从而促使这部分企业扩大投资规模，推动第三产业发展（袁从帅等，2015）。刘成杰和张甲鹏（2015）发现随着"营改增"的推行，企业税负降低，生产经营活力增强，对劳动要素需求的增加有效促进了三大产业的就业和经济增长。孙正（2017）认为以"营改增"为主的新一轮流转税改革促进了产业结构的升级，表现为国民经济中第三产业的比重提高而第二产业的比重下降。彭飞等（2018）也发现，"营改增"带来了更为完善的服务业税制结构和优化的产业结构，显著推动了城市的发展，但因为区域间产业发展基础的差异,这一效应在东部地区更加显著,这可能会带来区域间差距扩大的不利影响。李永友和严岑(2018)通过研究得出结论,"营改增"能通过激励企业深化分工提升劳动生产率和资本生产率。蒋为(2016)认为"营改增"改善了增值税实际税率对生产要素的扭曲程度,提升了资源配置效率,表现为全要素生产率的提升。

(三)增值税税率简并、退还增值税留抵税额的研究

"营改增"全面扩围后,我国继续推进和深化增值税研究。一是增值税税率简并。2017年7月、2018年5月、2019年4月我国分别进行了三次增值税税率简并下调。二是向企业退还增值税留抵税额。我国从2018年5月起对符合条件的先进制造业、现代服务业企业及电网企业退还期末留抵税额。退还增值税留抵税额这一举措至今仍在持续实施中。

增值税税率简并改革通过价格效应和税负效应影响企业价值(Jacob 等,2019;刘柏惠等,2019;刘行和叶康涛,2018)。价格效应源于纳税企业面临的需求弹性(Jacob 等,2019;刘行和叶康涛,2018),税负效应源于进项税额抵扣不完整(刘行和叶康涛,2018)。吴怡俐等(2021)以2018年向企业退还增值税留抵税额的试点改革为外事冲击,研究发现试点企业在政策颁布期间获得显著的正向超额回报率,待抵扣增值税额更高、资本支出更多、资本支出的波动性更强的试点企业,市场的正向超额回报率更高。

无论是增值税转型还是"营改增",均是通过补充、延长和弥合增值税抵扣链条来降低企业税负的。可以看到,现有研究文献重点研究了增值税转型对固定资产投资的促进作用,对"营改增"政策效应的研究涵盖了宏观层面(如对社会福利和财政收入的影响)、中观层面(如对产业发展的影响)以及微观层面(如对企业研发的影响),从丰富的维度揭示了增值税抵扣链条的弥合、补充和重构产生的政策效果。但是,增值税改革如何影响企业会计信息质量,目前仍缺乏相关研究。进一步,虽然税制对企业发挥监督治理作用,但是

增值税如何影响企业会计信息质量，现有研究鲜有涉及。增值税不仅是我国贡献税收收入最多的主要税种，同时也是 OECD 国家的重要税种。研究增值税对企业会计信息质量的影响和作用机制具有重要的意义。

研究我国增值税改革对企业会计信息质量的影响有以下因素需要纳入分析框架：一是不同的产业互联程度下，企业获得的增值税改革红利可能存在差异（李永友和严岑，2018）。二是企业采取趋利行为以获得更多的增值税改革的益处，可能放大或扭曲增值税改革对会计信息质量的影响（田志伟和胡怡建，2014）。三是现在对增值税转型、"营改增"的研究虽然通过采用 DID、断点回归（RDD）等方法，对研究问题给出了有较强说服力的解释（例如申广军等，2016；许伟和陈斌开，2016），但是，尚需捕捉增值税改革差异性影响企业实体经济效应的作用机制。因此，需要对增值税改革影响企业会计信息质量的作用机制进行相对完整的理论分析。把能够捕捉差异化影响的研究设计融入 DID 等模型中，采用应对内生性问题的研究设计和捕捉税负敏感度的指标，深入细致地探究增值税改革对企业实体经济行为的影响和作用机制，对于丰富和拓展增值税研究、精准实施增值税政策具有重要启示。

第二章 "营改增"影响会计信息质量的理论分析

第一节 "营改增"、税收征管与会计信息质量

一、税收征管与公司治理

税收征管是联结微观企业税负和宏观税收收入的重要机制（田彬彬等，2020）。大数据、云计算等信息技术大幅提升了税收监管部门获取企业涉税信息的能力，提高了税务部门的税收征管能力和企业的税负程度（张克中等，2020）。税收征管的本质是缓解征纳双方的信息不对称（田彬彬等，2020）。在众多的公司治理机制中，税收征管对于企业税务管理而言是直接和重要的监督治理机制。税务部门利用执法权威等对企业避税发挥监督治理作用（Desai 等，2007；Dyck 和 Zingales，2004；范子英和田彬彬，2013）。Desai 等（2007）借助现金流权的概念提出"税收征管部门是所有企业的'最大的小股东'"。企业纳税支出可被视作税务部门对企业享有的现金要求权，税务局可以被视为所有企业的"最大的小股东"（Desai 等，2007；Dyck 和 Zingales，2004；郑志刚，2007）。因此，税务局有动机像股东一样监督企业的经营运作、信息质量

和收入资产分布等。而且，与其他小股东的监督治理不同，税务局因本身具有公权力，对企业税务管理的监督、稽查甚至法律诉讼会给其他企业带来示范、惩戒效果。例如，Kubick 等（2016）把税务部门与企业总部的地理距离作为降低信息不对称程度的代理变量，研究发现税务部门与企业总部的地理距离越近，由于税务部门的出行成本、信息搜寻成本下降，企业越有可能受到税务部门的稽查。

税收征管力度很难直接衡量，现有文献采用的衡量方式丰富多样。不少文献用税收努力程度和税收稽核强度来度量税收征管力度（例如 Mertens，2003；Xu 等，2011；潘越等，2013；叶康涛和刘行，2011；曾亚敏和张俊生，2009）。于文超等（2018）利用世界银行 2012 年中国企业调查数据，以企业"是否接受税务检查"和"接受税务检查的次数"来刻画税收征管活动强度。不少文献用外生事件或外生性较强的指标来衡量税收征管力度。Kubick 等（2016）用税务部门与企业之间的地理距离来衡量税收征管力度。Kleven 等（2011）、Slemrod 等（2001）通过实验研究税收征管对纳税人税收遵从的作用。Desai 等（2007）使用普京当选总统这一事件反映俄罗斯的税收征管力度，研究发现俄罗斯石油寡头的避税程度在普京当选总统后明显下降。范子英和田彬彬（2013）认为国家税务局的独立性强于地方税务局，具有更大的税收征管力度，他们研究发现受地方税务局征管的企业避税程度更高。

随着大数据和信息技术被引入税收征管中，研究者们越来越多地关注税收征管信息化对企业避税的作用。例如，张克中等（2020）研究发现"金税三期"通过信息揭示抑制了企业避税，并且对企业业绩、资产扩张等产生了不利影响。樊勇和李昊楠（2020）也有类似的研究发现。王雪平（2020）还发现"金税三期"抑制了税收应计项目在企业盈余管理中的滥用程度。

Allingham 和 Sandmo（1972）构建了税收征管与企业避税的理论模型，模型结论表明企业避税面临着边际收益与边际成本之间的权衡。因此，减少企业避税有两个方向：一是提高避税的边际成本，二是提高税收遵从的边际收益。

目前，国内外的税收征管主要通过加大稽查与处罚力度来提高避税成本以减少企业避税。相关文献发现税务部门执法不力将会导致企业更多地避税（范子英和田彬彬，2013；刘忠和李殷，2019）。然而，通过加大税收监管力度来减少企业避税的方式将会增加监管成本，在成本约束下，税收监管效率可能下降；在"监管俘获假说"下，征管人员很容易被俘获，对企业避税行为视而不见，继而导致国家税收收入的损失（许敬轩等，2019；田彬彬和范子英，2018）。

在"深化税收制度改革，创新监管方式，推进诚信建设"的大方针下，国家税务总局在2014年发布了《纳税信用管理办法（试行）》，推行纳税信用评价制度。纳税信用评价制度通过激励纳税遵从实施税收征管，改变企业避税的边际收益。中国的纳税信用评价制度具有以下独特性：第一，税收征管信息化。纳税信用评价制度利用大数据和信息技术获取企业纳税数据并由信息系统计算评价指标、打分评级。纳税信用评价的信息主要依托金税三期税收管理系统获取，且将评级权限上收至省级税务部门，客观性强。根据税务局披露的《纳税信用评价宣传手册》，纳税信用评价是指"税务部门每年依据主观态度、遵从能力、实际结果和失信程度4个维度、近100项评价指标，对企业纳税人信用状况进行评价，评价结果由高到低分为A、B、M、C、D五级。税务部门按照守信激励、失信惩戒的原则，对不同信用级别的纳税人实施分类服务与管理"。中国的纳税信用评价制度利用大数据和信息技术获取企业涉税信息，不受地理距离限制，降低了企业涉税信息的主观对比和判别裁量程度。第二，激励纳税遵从。与传统的税收征管模式不同的是，中国的纳税信用评价制度主要通过对纳税信用A级企业给予政策优惠和资源配置等来影响企业避税的边际收益，以此促使企业调整纳税行为。纳税信用评价制度作为一种创新的税收征管方式，规定税务部门依据企业纳税等级进行分类监管，对高纳税等级的企业进行激励。税务部门也通过向全社会披露A级纳税人名单，实现市场对税收遵从企业的奖励。2016年，《关于对纳税信用A级纳税人实施联合激励措施的合作备忘录》给予纳税信用 A 级企业税务绿色通道服务、更优贷款条件等 41 项政策优惠。虽然获得最低等级（D 级）的企业会面临更为严格的税务稽查，且在税务服务、获取资源方面受到更多限制，但是，税务部门会对 D 级至 B 级企业的名单保密，仅向全社会披露 A 级纳税人名单，更注重对 A 级纳税人纳税遵从的激励和示范作用。税收征管中的稽查和处罚是企业避税承担的最直接的成本（Allingham 和 Sandmo，1972）。传统的税收征管模式通过加大税务稽查和惩罚力度来提高企业避税的边际成本，抑制企业避税行为。第三，强制参评。中国的纳税信用评价制度强制要求所有符合条件的企业参加纳税信用评价。一般情况下，税收征管的稽查对象是经过税务局筛选的（Nessa 等，2020）。纳税信用评价制度强制要求企业参评，较好地避免了因税务局筛选稽查评级对象而产生的偏误和可能的征纳合谋。

虽然税收征管是对企业避税最重要、最直接的监督治理机制，但是税务部门的监管能力难以直接度量。研究文献用多个维度的指标来衡量税收征管，包括地区税收努力程度、稽核强度（例如 Mertens，2003；潘越等，2013；叶康涛和刘行，2011；曾亚敏和张俊生，2009），企业接受税务检查的次数（于文超等，2018），实验研究（Slemrod 等，2001；Kleven 等，2011），外生事件（如新总统任职）（Desai 等，2007），税制改革（李艳等，2020；范子英和田彬彬，2013），税务部门与企业之间的地理距离（Kubick 等，2016）。

与此同时，国内有关税收征管的研究文献发现，我国税收执法存在较大的弹性空间（田彬彬等，2020；许敬轩等，2019；白云霞等，2019），伴生出征纳合谋的寻租行为（张克中等，2020）。在征纳合谋的情况下，税收征管人员很容易选择性执法，纵容企业的违法涉税行为（田彬彬和范子英，2018）。

二、"营改增" 与税收征管

"营改增" 可从以下三个方面提升税收征管效率：第一，增值税为共享税,实施"营改增"实质上是将税收征管权集中上收。税收征管权的集中上收提高了征管效率(范子英和田彬彬,2013)。第二,增值税本身的销项税额和进项税额抵扣的特征使流转环节形成闭环,流转链条上的参与企业由此内化产生对交易对方纳税行为的监督作用(Keen和Lockwoo,2010)。第三,增值税实施"以票控税"。由于增值税抵扣链条和发票抵扣制度具有自我监督功能,因此不少研究者将增值税改革作为税收征管力度提升的代理变量(Naritomi,2019;Pomeranz,2015;Kleven等,2011;Gordon和Li,2009;李艳等,2020)。在增值税征管信息化研究方面,Ali等(2015)发现增值税税控技术可影响企业增值税税负。

而且,减税改革直接减少财政收入,对各级政府财政收入造成巨大压力(郭庆旺,2019)。"营改增"对地方财政收入形成冲击,可能倒逼税收征管效率的提高。其一,作为地方税的营业税是地方政府第一大主体税种,"营改增"取消了地方政府可以自主支配的营业税收入。其二,增值税具有避免重复征税、只对增值额征税的特点,其推行本身就是出于结构性减税的目的。其三,与营业税不同,增值税收入并不仅由地方独享,"营改增"期间由中央政府和地方政府按7.5∶2.5的比例分成,"营改增"全面扩围后于2016年第三季度起由中央政府和地方政府五五分成。所以,在地方政府税收体系尚未完成重构的情况下,增值税取代营业税将造成地方税收短期内流失。赵方和袁超文(2016)研究发现,"营改增"的减税效应明显。卢洪友等(2016)发现在分税制体制下,国内"营改增"的实施对地方财政收入产生了较大压力。图2-1反映了"营改增"首次试点的上海、北京、江苏等九个省市2010—2016年营业税(或增值税)占税收收入的比重变化情况,在不考虑其他税收变化的情况下,能够一定程度地分离出"营改增"对税收的单独影响。从图2-1可以看出,除江苏省外的其他省市在2013年至2014年间,营业税(或增值税)占税收收入的比重都显著下滑。可以看出,尽管"营改增"推行用增值税收入替代营业税收入,但相较于改革前,地方财政中的一部分税收仍被挤出。2014年有部分省市缓慢回升，但2015年以后九个省市的比重都大幅下降，这是由2014年"营改增"涉及的行业范围进一步扩大所引起的。

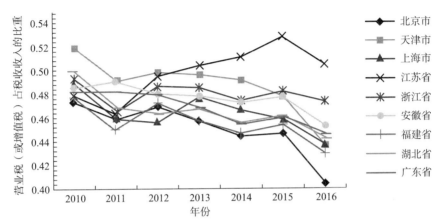

图2-1 九省市推行"营改增"政策前后营业税（或增值税）占税收收入的比重

第二节 "营改增"、产业互联和会计信息质量

一、"营改增"与企业重组

"营改增"会打通和延长增值税抵扣链条，企业可能通过重组来重构增值税抵扣链条以作出应对。

"营改增"的目的并不只在于降低行业税负，其更重要的意义在于提高市场资源配置效率，理顺产业间投入产出关系，促进产业结构演进升级。深入微观层面，税收推动企业边界调整是公司财务的重要研究话题，企业通过兼并、分拆等重组方式加快产业升级，实现跨越式发展。但是，现有研究文献主要关注企业所得税如何调整企业边界（de Mooij和Nicodème，2008），并未直接涉及增值税改革与企业重组之间的关系。深入理解以增值税为核心的间接税改革如何推动经济增长，意味着需要深入研究增值税改革在企业实体经济行为层面的作用机制和影响因素。"营改增"能否在微观层面推动企业边界调整，进而推动产业结构优化升级，是一个重要的研究问题。

"营改增"为从企业重组视角研究增值税对企业边界的调整提供了契机和场景。"营改增"对专业化分工的促进作用可能引起企业分拆重组事件的发生。企业分拆重组即资产重组主体通过资产剥离、公司分立等手段，缩小企业资产规模以及业务种类跨度，优化资源配置，将企业从负协同效应中解脱出来，明确发展方向，强化核心业务，使资本增值最大化或资本损失最小化。在"营改增"政策实施前，为避免重复缴税，部分企业会选择自行生产在营业税纳税范围内的中间投入品或自营生产辅助性服务（陈钊和王旸，2016）。随着"营改增"的逐步推进，部分中间投入品或生产辅助性服务由营业税纳税范畴转为增值税纳税范畴，从而能够得到增值税进项税额抵扣，这将促使企业在缴纳营业税时将自营的辅助业务分离出去（陈钊和王旸，2016），新设子、孙公司或投资联营、合营企业，即"营改增"可能促进企业重组，推动企业边界的调整。企业从中间投入品中获得的进项税额抵扣越多，"营改增"的企业重组效应越强。"营改增"后进行的分拆重组，一方面可以使母公司专注发展核心业务，并通过从分拆形成的关联企业处购进中间投入品或服务获得进项税额抵扣，降低企业税负，另一方面可以利用关联交易获得价格优势，提升专业化程度，增加企业利润。

陈钊和王旸（2016）指出，"营改增"对上下游企业分工的促进作用由两种途径实现：一是企业将原本由自身提供的生产性服务业务直接外包给"营改增"试点企业，二是企业在"营改增"后开始对外经营该辅助性业务。我们的理论基础源于上述第二种路径：企业在"营改增"后开始对外经营该辅助性业务。对外经营的方式可能是在自身经营范围内增加该项业务，也可能是在集团公司中由关联企业经营该项业务。考虑到企业对外经营辅助性业务的目的是实现专业化分工，那么企业更可能采取由关联企业单独运营该项业务的方式，因此"营改增"后企业关联方数量将会增加，企业关联方数量的变化可以作为企业进行分拆重组的反映。

国内外已开展了诸多关于企业进行分拆重组的原因或目的的研究。Stewart 和 Glassman（1988）总结了引发企业重组的多项因素，包括吸引力极大的外在诱因、停止低绩效的部门或事业的运营从而减少现金的无意义流出、提高资产的使用价值、增加企业的负债容量、节约税负、使管理者聚焦于核心业务、使业务单纯化从而得到独特的投资机会等。Chen 和 Guo（2005）提出企业进行资产剥离的三个假说理论，其中，聚焦假说（focusing hypothesis）提出企业会通过将非主营业务剥离出去以集中发展核心业务，从而稳固其主业，增强企业竞争力。基于现代企业理论，市场和企业同为协调经济活动、配置市场资源的机制，通过市场配置资源产生交易费用与通过企业配置资源产生组织费用和管理费用之间关于边际成本的博弈使企业存在一个理论上的临界点。Comment 和 Jarrell（1995）研究发现经营多项分散业务的企业更倾向于将低效率的业务单元剥离出去，着重发展主营业务。John 和 Ofek（1995）也认为将非相关事业的资产出售或分割有利于企业专注经营本业从而提高企业价值。Denis 等（1999）指出拥有一定比例股权的管理者常会通过重组活动提高企业经营绩效。

税与企业重组的相关研究目前主要关注企业所得税和个人所得税，研究发现企业或股东利用企业分立等重组手段，使重组后各相关企业（或股东）的纳税总额小于原企业（或股东）所纳税额，从而降低企业总体税负（Plesko 和 Toder，2013；Rhodes-Kropf 和 Robinson，2008；Utke，2019）。国内研究方面，学者们多关注企业如何利用分拆重组进行税收筹划。黄梓洋（2003）提出了企业通过分立实现增值税筹划的两种途径：第一，对于不同税率的应税项目，通过企业分立分离出低税率和免税项目，充分享受低税率和免税优惠；第二，对于兼营和混合经营不同税种的应税项目，可通过对经济业务性质加以区分分离出单独运营的项目，使低税率项目、减免税项目等能分别纳税以减轻税负，实现企业税后利润最大化。对企业所得税与企业重组的研究基本上达成一

增值税改革的会计信息效应：基于"营改增"的研究

致结论，即税是影响财务协同的重要因素，企业税务在企业组织形式选择方面扮演着重要的角色，选择不同的组织形式意味着可以节税（Devos 等，2009；Goolsbee，2004）。Goolsbee（2004）使用 1959—1986 年的美国公司数据发现企业通过分拆应对企业所得税累进税率。企业的组织形式（如 C 型、S 型）适用不同的税率，成为企业重组收益的一个来源（Plesko 和 Toder，2013）。Rădulescu 和 Dîrvăc（2016）发现欧洲企业通过重组（包括收购、合并、分拆、撤资）进行税收套利。在个人所得税与企业重组的研究方面，现有研究也发现税负会影响股东对企业组织形式的偏好和持股比例（Utke，2019）。Utke（2019）发现股东的所得税会影响其对有限合伙制的选择，这种形式对于税负敏感的股东来说具有减税的作用，而对于免税的股东来说则会增加税负；当企业中免税股东较多时，企业更可能不分拆成立有限合伙制企业，反之，当企业中税负敏感的股东较多时，企业更可能分拆成立有限合伙制企业，对税负敏感的股东会降低在原母公司中的持股比例，提高在有限合伙制企业中的持股比例。

对增值税与企业分拆重组的研究较少。Onji（2009）对日本 1989 年增值税改革的研究发现，由于不同规模的企业适用的增值税税率不同，规模小的企业增值税税率低，因此，许多大型的日本企业集团内部分拆出众多小规模企业。这是我们检索到的为数不多的增值税改革对企业重组的影响研究。

对税制改革与企业实体经济行为的研究大多关注所得税改革。在我国，"营改增"后，增值税占到税收收入的近四成。相当一部分的 OECD 国家消费税收入占税收收入的比重较高（Brühne 和 Jacob，2019）。在不少发展中国家，增值税贡献的税收收入占比超过企业所得税和个人所得税。因此，研究增值税改革对企业实体经济行为的影响具有重要的理论意义和政策指导作用。但是，目前对增值税与企业实体经济行为的研究还处于起步阶段。虽然增值税被认为具有"税收中性"特征，但是为数不多的新兴研究已经发现，增值税作用于企业实体经济行为的机制和传导渠道相对丰富，意味着增值税与企业实体经济行为的研究领域还需要更多维度的细致研究（Jacob 等，2019）。我们基于"营改增"与产业分工的分析视角，研究"营改增"的企业重组效应。由于"营改增"将增值税抵扣链条延伸至现代服务业等行业，意味着企业外购服务等可将进项税额用于抵扣销项税额，因此，"营改增"后企业会将原有的辅助性业务剥离出去以实现专业化分工，并对外经营该辅助性业务。企业可能采取由关联企业单独运营该项业务的方式，因此，"营改增"后企业关联方数量将会增加，企业关联方数量的变化可以反映企业进行的分拆重组。

二、产业互联和"营改增"对会计信息质量的作用机制

产业互联程度刻画了上下游企业之间的关联程度，企业与上游企业的关联度越高，意味着企业从上游企业购入产品或服务的中间投入品越多。上游企业的收入是下游企业的成本费用，因此，产业互联有助于使企业私有的收入、成本费用信息变为具有半公共品特征的行业信息。

本研究关注产业互联、"营改增"对企业盈余管理的作用及影响机制。主要基于以下原因从产业互联与"营改增"的角度对企业盈余管理进行研究：第一，供应链产生信息分享功能从而具有重要的公司治理作用（Luo 和 Nagarajan，2015）。近几年，公司治理研究已超越关注股东、债权人、经理层之间利益与制衡机制的狭义分析框架，扩展至关注包括上下游企业在内相关内容的广义分析框架。良好的公司治理可以提升会计信息质量。企业间的产业互联程度增强了供应链上下游企业收入、成本费用、利润信息的相互比对，可使企业的私有信息变为具有半公共品特征的行业信息，增强了供应链的信息共享和揭示功能。第二，税制产生重要的公司治理效应（Naritomi，2019；Ghoul 等，2011；Desai 等，2007）。作为重要的税制改革举措，"营改增"打通了企业上下游的增值税抵扣链条，提高了企业上下游之间的信息依存程度以及企业之间

的信息共享和揭示程度。那么，产业互联能否提升企业会计信息质量？"营改增"能否对产业互联与会计信息质量之间的关系产生调节作用？对这些问题的研究具有重要的理论意义和现实指导作用。

第三节 "营改增"、增值税抵扣链条重构与会计信息质量

一、"营改增"与会计信息质量

"营改增"还可能从以下方面影响企业会计信息质量：第一，作为价外税，增值税无法税前扣除。"营改增"前，营业税属于价内税，可以在计算企业所得税时作为费用扣除。因此，"营改增"后企业的收入由含税收入转变为不含税收入，企业收入和成本费用的核算发生了变化。第二，价内税向价外税的转换引发了定价体系的变化，影响上下游企业的收入和成本核算。第三，增值税的实际征收实行抵扣制度，即增值税额等于销项税额减去进项税额后的差额。"营改增"后，企业购入商品和服务可以抵扣其中包含的进项税额；而且，原缴纳营业税的企业在"营改增"后改为缴纳增值税，提升了增值税抵扣链条的完整性（平新乔等，2009）。增值税的价格传导效应受制于增值税抵扣链条（倪红福等，2016）。增值税抵扣制度覆盖范围的扩大、程度的加深提升了企业利润受中间投入品影响的程度。第四，以税负转嫁理论为基础，假定税收成本完全传递到产品价格上（Blaylock等，2015），那么，增值税会计"会税合一"的处理模式无疑忽略了增值税对企业经营成果的影响。实际上，增值税税率、进项税结构、产品种类、供需弹性、各种生产要素之间的替代效应都会影响税负转嫁。"营改增"实际上扩大了"会税合一"增值税会计处理模式的覆盖范围，一定程度上提升了"会税一致性"（book-tax conformity）。会税一致性的提升既可能抑制也可能刺激企业盈余管理（Blaylock等，2015）。

从财务报告动机来看,"营改增"会改变企业收入、费用、利润的核算,在其他条件相同的情况下,企业有可能选择盈余管理的会计程序和方法,以满足各种契约(包括债务契约、分红计划等)的要求。

二、"营改增"、增值税抵扣链条重构与盈余管理

必须指出的是,本研究的局限性在于研究视角仍基于财务报告的盈余管理动机。立足于增值税"税额抵扣"的税制特征,我们从企业主动重构增值税抵扣链条来分析"营改增"对企业盈余管理的影响机制。

"营改增"后,原缴纳营业税的企业改为缴纳增值税,意味着增值税抵扣链条延伸至原缴纳营业税的企业,有利于企业构建增值税抵扣链条(平新乔等,2009)。同时,"营改增"后,企业购入商品和服务可以将其中包含的进项税额用于抵扣销项税额。因此,"营改增"加深了企业利润受中间投入品影响的程度。增值税抵扣链条的完整程度会改变中间投入品成本,同时也会改变税负转嫁程度,进而对增值税价格效应的大小产生影响(平新乔等,2009;倪红福等,2016)。"营改增"后部分企业由于抵扣链条不完整,不能充分利用进项税额抵扣,不仅增值税税负上升,也可能使中间投入品成本上升,利润下降。企业可通过将市场交易内化为企业内部交易,降低交易成本(Williamson,1988;Klein 等,1978)。以交通运输业为例,虽然在"营改增"政策中规定,对涉及经营活动支出的成本可以进行增值税进项税额抵扣,但是提供装卸搬运服务业务的一般是松散管理的装卸队,很多装卸队不符合增值税一般纳税人的条件,无法提供增值税专用发票,因此在交通运输业企业的经营成本中占比重较大的装卸费支出不能用来进行增值税进项税额抵扣,装卸搬运服务业务的税率"营改增"后由3%上调为6%,形成了税收的单向增加,最终导致交通运输业企业的增值税税负上升,企业之间的契约执行效率下降。

企业可重构增值税抵扣链条内部化市场交易:第一,沿增值税抵扣链条进

行纵向一体化,在上游形成具有一般增值税纳税人资格的企业。例如,交通运输企业通过重组形成具有一般纳税人资格的装卸企业,建筑业企业在上游形成具有一般纳税人资格的原材料供应商,有助于企业获得进项税额抵扣。第二,分拆成立子公司、分公司或其他组织形式,构建增值税抵扣链条。当企业运行成本和组织成本超过规模经济收益时,企业分拆可提高管理效率和资源配置效率。由于"营改增"规定不同行业、不同规模的企业适用不同的税率和征税办法,因此混合销售和兼营不利于企业按不同的业务和行业选择最优的增值税负担方式。可以将混合销售的内部单位按业务合理拆分经营,对有兼营行为的企业按兼营项目分别独立核算,拆分为若干独立核算子公司、分公司或其他组织形式,从而改变原有的纳税人身份,最大限度地适应税法的规定,避免按高税率缴纳税款,并能够延伸上下游抵扣链条,加大进项税额抵扣力度,递延纳税,从而降低企业集团的整体税负。例如,有的建筑安装类的电力企业集团已在进行如下组织结构调整:分拆成立子公司,发展电力设计、电力试验、电力材料供应等业务,"营改增"以后,企业集团内的关联方之间的交易不再需要重复缴纳营业税,而且,关联方之间的交易可以开具合规的增值税发票,并可以在规定的时间内抵扣进项税额,在一定程度上递延纳税。将企业内部不具备纳税主体资格的业务部门拆分为具备纳税主体资格的企业,有利于重构增值税抵扣链条。

企业重构增值税抵扣链条,会改变企业内部市场,促使交易各方、交易特征(包括交易金额、交易类型、交易方向)和定价策略发生显著改变。企业可以利用关联交易和转移定价,将收入和成本在企业集团成员中进行转移和重新分配,从而增加盈余管理活动。

第三章 "营改增"的减税效应与税收征管：基于政府补贴视角的考察

第一节 问题的提出和理论分析

一、问题的提出

地方政府能否提供补贴、提供多少补贴，一定程度上受其财力的约束。减税改革直接减少财政收入，对各级政府财政收入造成巨大压力（郭庆旺，2019）。"营改增"取消了作为地方政府第一大主体税种的营业税，减少了地方政府可以自主使用的税收收入，可能会对企业财政补贴产生挤出效应。与此同时，"营改增"从税收征管权限上收、强化税收征管部门作为"最大的小股东"的治理作用等方面加大了税收征管力度，增加了政府税收收入，增强了地方政府向企业发放补贴的能力，从而产生补贴效应。两种效应对财政补贴会有截然不同的影响，因此，"营改增"如何影响地方政府行为是不可忽视的重要问题。如果"营改增"对财政补贴产生挤出效应，表明地方政府财力受增值税减税改革的冲击较大，可能会加大税收征管力度，维持税收收入增长。如果"营改增"对财政补贴产生补贴效应，则表明企业仍可获得财政补贴。本研究试图比较哪种效应占主导地位,为后文从财政压力、税收征管视角进行相关问题的分析提供一定的逻辑基础。

和现有文献相比,本研究有如下贡献:从财政补贴的角度考察"营改增"对地方政府行为的影响,丰富和拓展了"营改增"政策效果的研究。"营改增"作为一项重大的财税改革,从试点以来就备受关注,目前已有的有关"营改增"政策效应的研究已涉及宏观、中观和微观三个层面的多个领域。如在宏观层面,杨玉萍和郭小东(2017)探讨了"营改增"对收入分配的影响,刘柏惠(2015)则发现"营改增"可使生产者价格和消费者价格均向下浮动;在中观层面,孙正(2017)发现"营改增"推动了国民经济中第三产业比重的提高和第二产业比重的下降,产业结构优化升级;在微观层面,不少学者发现"营改增"对企业投融资、专业化分工和创新等行为都有显著影响(范子英和彭飞,2017;陈钊和王旸,2016;岳树民和肖春明,2017)。"营改增"作为分税制以来最重要的一次税制改革,可能通过影响地方政府税收收入进而作用于企业获得的财政补贴,对这一问题的探究有助于我们从财政压力、税收征管角度更深入地理解"营改增"对地方政府行为和企业会计财务行为的作用机制。

此外,研究发现也带来一定的政策启示。"营改增"的功能定位还在于促进或倒逼地方税收体系重构(高培勇,2013)。本研究通过"营改增"这项准自然实验,将宏观层面的政府政策与微观层面企业获得的财政补贴联系起来,为"营改增"后重构地方政府税收体系带来了启示。

二、 理论分析与研究假设

政府财政补贴是政府直接或间接向微观经济活动主体——企业和个人提供的一种无偿转移。市场并不总是有效的,为了克服市场失灵带来的一系列问题、支持行业稳定发展,政府补贴应运而生(Aydin,2007)。提升地区福利水平也是政府提供补贴的动机之一(唐清泉和罗党论,2007)。实际操作中,政府决定是否给予补贴以及选择补贴的对象需要经过一定的利益判断和权衡。一类典型的观点是政策性负担带来的预算软约束会使政府倾向于向国有企业提供补贴,以帮助国有企业在困难时期渡过难关(Kornai,1986;Shleifer 和 Vishny,1994;林毅夫和李志赟,2004)。在我国,国有经济控制国民经济命脉的原则赋予了国有企业特殊的责任和地位。早在改革开放时期,随着国内市场的打开,大量外商投资企业涌入,部分国有企业生产效率低下而难以抗衡激烈的竞争,政府就采取了一系列资本补贴措施支持国有企业的存续(Claro,2006)。薛云奎和白云霞(2008)发现,国有企业承担了更多的冗余雇员,因此政府往往会向这些企业提供更多补贴作为补偿。地方政府还希望通过补贴来保护幼小产业(Leahy 和 Neary,1999)、促进企业研发创新(周亚虹等,2015)。鼓励新能源产业、环保产业的发展(Fischlein 和 Smith,2013),满足上市公司盈余管理或保牌、配股需要(孔东民等,2013),发挥"扶持之手"的作用,帮助亏损企业扭亏为盈(王红建等,2014)、获取寻租利益(Che,2002;余明桂等,2010)等也是政府对企业实施补贴的动机。

地方政府竞争也影响政府的补贴决策。柳庆刚和姚洋(2012)认为在"政治锦标赛"框架下,政府偏好大力投资生产型公共品,增加对企业部门的补贴。王文甫等(2014)也发现,为了追求国内生产总值(GDP)和税收最大化,政府购买和政府补贴多向大企业和重点企业倾斜。

地方政府是否提供补贴最终要受到政府财力的制约。卢盛峰和陈思霞(2016)利用"撤县设区"改革检验发现,"撤县设区"改进了县级政府的财政支出结构,减少了县域企业获得的财政补贴。财政收入的减少对地方政府的支出决策产生相应影响,进而影响企业获得的补贴。例如,2005 年我国取消农业税后,地方政府为应对财政收入的减少,加大了对其他税种的征管力度,其结果是企业的有效税率特别是城市企业的有效税率不降反升,农业税的取消带来了财政挤出效应(Chen,2017)。

增值税改革的会计信息效应：基于"营改增"的研究

"营改增"也会对地方财政产生一定程度的挤出效应，可能使地方政府在某些财政支出决策上变得保守和审慎，如对企业的财政补贴就是一项可能被压缩的支出。"营改增"对地方财政收入形成冲击，可能会对地方政府税收收入产生挤出效应。"营改增"会从以下几个方面减少地方政府的税收收入，加大财政压力：第一，分税制下，营业税是重要的地方税，地方政府享有征税权和税收收入支配权，"营改增"后地方政府失去了营业税这一重要税源。第二，增值税改革在减少地方政府税收收入的同时，弱化了地方政府对政府发行债券具有的"担保能力"，约束了地方政府的发债规模扩张，地方财政收入也因此缺少了有效的弥补性来源（张牧扬等，2022）。第三，"营改增"短期内对地方政府税收收入结构形成压力，在地方政府税收收入结构重构时期，地方财力较为紧张（郭庆旺，2019）。

在财政收入有限时，高额的社会性支出（如社会文教支出、行政管理支出等）将挤压政府能够提供的经济性支出（如基础设施投资支出、对经济活动的补贴支出等），财政补贴作为一项重要的经济性支出也将会受到挤压。传统的"政治锦标赛"理论认为，地方政府更偏好投资生产性的公共品，挤压其他非生产性的但和民生福利相关的支出项目，通过为辖区内企业提供优惠税收安排、大额补贴等来招商引资，拉动地区 GDP 增长从而取得良好的绩效考评结果（柳庆刚和姚洋，2012）。更进一步，十八届三中全会提出，"完善发展成果考核评价体系，纠正单纯以经济增长速度评定政绩的偏向"。2014 年 1 月，中共中央印发新修订的《党政领导干部选拔任用工作条例》，对官员考核内容进行了较为全面的调整和规定，将越来越多的关系社会和民生的指标如"环保""质量安全"等纳入政绩考核中。所以，当"营改增"带来财力趋紧的压力时，难以被压缩的社会性支出将会挤压政府在经济性支出上的投资，如对企业的补贴。

财政补贴对企业能否发挥预期的激励作用一直没有定论，因此政府在面临财政约束时基于成本效益的权衡可能更倾向于压缩补贴支出，同时更审慎地考虑补贴的对象和补贴的数额。王永进等（2017）发现，"中国大企业缺失之谜"很大程度上源于竞争的缺乏和差别化的政策，受政府扶植和补贴的企业短期内确实可能获得较高的市场份额和垄断利润，但这也使得这些企业缺乏足够的激励进行技术创新，阻碍它们做大做强。耿强等（2011）的研究发现，地方政府的政策性补贴扭曲了要素市场价格，压缩了投资成本，形成产能过剩，并成为中国经济波动的主要影响因素。王文甫等（2014）认为，为了追求 GDP 的最大化，地方政府干预进一步加强，并向大企业、重点企业倾斜，在促进产量增加的同时，也出现了过度投资的情况。韩剑和郑秋玲（2014）认为财政补贴等政府干预会导致地区资源错配，资源的流向与效率的高低并不对等。此外，补贴这种意外得来的财富可能会诱发企业的过度购买行为，受补贴企业的购买成本反而会高于未受补贴企业（刘海洋等，2012）。因此，在"营改增"使地方财力趋紧的背景下，地方政府会更加谨慎地权衡补贴的成本与效益。面对高昂的补贴成本，地方政府如果预期一部分企业在补贴刺激下仍然难以实现"脱贫攻坚"和"自立自强"，就会择优将资源配置给更加需要和重要的企业，它们或是对地方税收有重大贡献的地方龙头企业，或是响应国家政策的高新技术或科创企业，或是帮助政府承担地区就业压力的制造型或服务型大企业等。尽管部分企业仍能获得政府补贴支持，但从总体上来说，可以预期"营改增"后企业获得的补贴水平会显著下降。

综上，"营改增"带来的财政挤出效应会使地方政府倾向于压缩财政补贴支出，表现为推行"营改增"后企业获得的财政补贴明显减少。

"营改增"也可能通过提升税收征管效率、增加政府税收收入给企业带来补贴效应。"营改增"可从以下三个方面提升税收征管效率：第一，增值税作为共享税，其税收征管权一定程度集中在中央政府手中，可提升税收征管部门的独立性，减少征纳合谋（范子英和田彬彬，2013）。第二，增值税的抵扣制度和"以票控税"使抵扣链条形成闭环，利于抵制企业的偷税漏税。第三，税收征管效率的提高强化了政府通过征税享有的现金流索取权，从而强化了税

增值税改革的会计信息效应：基于"营改增"的研究

收征管部门发挥的"最大的小股东"的治理作用（Desai 等，2007；郑志刚，2007）。税务当局有动机监督公司的经理人或控股股东等公司内部人（曾亚敏和张俊生，2009），确保公司会计信息的透明与准确，避免资产转移等应税收入的隐瞒和转移（郑志刚，2007）。此外，税收征管效率也影响增值税税负转嫁（倪红福等，2016）。"营改增"对税收征管效率的提升有助于增加税收收入。财政部 2018 年 6 月 20 日公布，2018 年 1—5 月全国税收收入同比增长 15.8%，主要原因是 2018 年 1—5 月国内增值税收入同比增长 19%，其中工商业增值税收入和改征增值税收入同比分别增长 18.5%和 19.6%。① 税收收入增长增强了政府对企业提供补贴的能力，因此"营改增"可能产生补贴效应。

此外，虽然"营改增"是出于结构性减税的目的而实施的，其推行确实实现了全行业税负的大幅降低，但是，仍然存在个别行业企业税负不降反升的现象，政府可能通过补贴帮助企业。部分省市的地方政府为了给企业减负、减小改革阻力，迅速出台了相应的补贴政策。如上海市对因"营改增"而税负升高的企业，由财政部门依申请予以返还税款；北京市决定从 2012 年 9 月 1 日起，对试点改革过程中确因新老税制转换而税负升高的试点企业，按照"企业据实申请、财税按月监控、财政按季预拨、资金按年清算、重点监督检查"的方式实施过渡性财政扶持政策；厦门市对在一定期限内税负升高超过 3 万元的试点企业，由财政部门对其在一定期限内升高的税负按 70%予以预拨扶持资金补贴等。②

此外，为了弥补财政缺口，地方政府会积极"开源"，如依赖分税制改革以来地方政府建立的土地财政模式（孙秀林和周飞舟，2013）、发行地方政府债券等（牛霖琳等，2016）。赵文哲和杨继东（2015）也发现，当面临较大的

---

① 资料来源：财政部解释：前 5 个月税收收入为何大幅增长［EB/OL］．（2018-06-21）［2023-07-07］．https：//mp．weixin．qq．com/s/l0RNIHmJg8akClE5jqjHfA．

② 资料来源：庞凤喜，米冰．"营改增"财政补贴不应"一刀切"［EB/OL］．（2014-06-12）［2023-07-07］．https：//www．chinaacc．com/shuishou/bjst/zh201406120915496824953254.shtml？utm_term=63612661&utm_source=360_youran&utm_medium=hezuo&self=1．

财政缺口压力时,地方政府会以较低的价格向国有企业增加出让的土地,国有企业通过低价的投入创造出更多的营业收入反过来能为地方政府创造更多税收,从而使地方政府可以获得土地出让和税收增加的双重资金流入。

"营改增"后税收征管力度加大,加上其他非税财政收入,政府发放补贴的财力有了保障,因此我们预期"营改增"也可能带来补贴效应。基于上述分析,"营改增"若带来财政挤出效应,会使地方政府倾向于压缩财政补贴支出,表现为推行"营改增"后企业获得的财政补贴明显减少。反之,"营改增"若带来补贴效应,会使地方政府加大对企业的扶持力度,表现为推行"营改增"后企业获得的财政补贴增多。因此,我们建立如下对立假设:

假设 1a:其他条件相同的情况下,"营改增"后企业获得的财政补贴减少(挤出效应)。

假设 1b:其他条件相同的情况下,"营改增"后企业获得的财政补贴增加(补贴效应)。

第二节　实证研究

一、样本选择和数据来源

2011 年 11 月,财政部发布《营业税改征增值税试点方案》,拉开了营业税改征增值税的序幕。同年,《财政部 国家税务总局关于在上海市开展交通运输业和部分现代服务业营业税改征增值税试点的通知》(财税〔2011〕111 号)发布,上海自 2012 年 1 月 1 日起成为"营改增"第一个试点城市。2012 年 8 月 1 日,"营改增"试点范围扩大到北京、福建(含厦门市)、广东(含深圳市)、江苏、安徽、天津、浙江(含宁波市)、湖北共八个省市。2013 年 8 月 1 日,"营改增"范围进一步铺开到全国其余省市。至此,我国在交通运输业

增值税改革的会计信息效应：基于"营改增"的研究

（陆路、水路、航空、管道运输）、部分现代服务业（研发与技术、信息技术、文化创意、物流辅助、有形动产租赁、鉴证咨询等）上实现了全国性的营业税改征增值税。

"营改增"分省试点、逐步推进，有利于我们使用 DID 模型分析"营改增"的财政补贴效应。"营改增"可能通过地方政府税收收入作用于企业获得的财政补贴，所以本研究的样本选取范围包括 2010—2015 年在沪深交易所上市且发行了 A 股的上市公司，由于使用 $t+1$ 期、$t+2$ 期的补贴收入作为因变量，因此我们的样本数据期间是 2010—2017 年。此外，我们还对样本进行了如下处理：①剔除产权性质不明的样本；②剔除数据缺失的样本；③对有效样本中的连续变量进行了异常值处理，对 1% 和 99% 分位数之外的变量观测值进行了 winsorize（缩尾）处理。

最终，本研究的有效样本共包括 10 854 个公司年度观测值。本研究所使用的企业补贴数据来源于 CSMAR 数据库，根据上市公司报表附注中"营业外支出"科目的明细项目"政府补贴"数据汇总整理得到，具体包括增值税返还、财政补贴、财政综合、新产品和创新奖励、所得税返还等；企业性质信息来源于 CCER 数据库；财政收支数据来源于国家统计局网站；地区层级信息根据企业的注册地信息手动识别得到；企业政治关联信息和其他控制变量数据来源于 CSMAR 数据库。

二、模型设定与变量定义

由于"营改增"是分地区逐步推进的，各省市推行政策的时点不一致，因此，本研究借鉴 Bertrand 和 Mullainathan（2003）针对多组别跨时期的政策效应的 DID 模型，不专门设置实验组和控制组，而是通过公司固定效应来控制实验组和控制组，并通过年份固定效应来控制总体的经济波动。为了检验假设 1a、1b，我们将待检验的回归模型设定为：

第三章 "营改增"的减税效应与税收征管：基于政府补贴视角的考察

$$\text{Subsidy}_{i,\,t+1}(\text{Subsidy}_{i,\,t+2}) = \alpha + \beta_1 \text{Post}_{i,\,t} + \beta_2 X'_{i,\,t} + \varepsilon_{i,\,t} \quad (1)$$

其中，被解释变量 $\text{Subsidy}_{i,t+1}$、$\text{Subsidy}_{i,t+2}$ 分别用公司 i 获得的 $t+1$、$t+2$ 年度政府补贴收入与总资产的比值表示。之所以选择 $t+1$、$t+2$ 年度政府补贴收入进行分析，是因为在试点地区推行"营改增"政策大多发生在下半年，政策效应相对滞后，"营改增"带来的企业税负和地方政府财政收入等方面的一系列变化需要一定的时间才能显现出来，进而影响政府的补贴决策。$\text{Post}_{i,t}$ 表示公司 i 在 t 年度是否推行"营改增"，若当年度属于"营改增"当年度或"营改增"后年度，则取 1，否则取 0。例如，上海从 2012 年开始进行"营改增"试点，则注册于上海的公司自 2012 年起 $\text{Post}_{i,t}$ 取 1，在 2012 年以前年度取 0。各省市的 $\text{Post}_{i,t}$ 按推行"营改增"的时间被赋值的情况见表 3-1。

表 3-1 各省市的"营改增"哑变量 $\text{Post}_{i,t}$ 具体赋值情况

省市	年份					
	2010	2011	2012	2013	2014	2015
上海	0	0	1	1	1	1
"营改增"扩围的八省市（北京、天津、湖北等）	0	0	1	1	1	1
其他省市	0	0	0	1	1	1

我们重点关注的系数为 β_1，表示推行"营改增"对企业获得补贴的净影响。若系数为负，则表明"营改增"政策的推行对政府财政收入产生了一定程度的"挤出"，地方政府为缓解财政压力会适当减小对企业的补贴力度，支持假设 1a 提出的挤出效应；若系数为正，则表明地方政府为了减小"营改增"政策的推行阻力，不仅不减少补贴，反而加大对部分企业的补贴力度，支持假设 1b 提出的补贴效应。

在模型（1）中，$X'_{i,t}$ 为一组控制变量。借鉴以往文献（余明桂等，2010；罗党论和唐清泉，2009），纳入如下影响企业获得财政补贴的因素作为控制变

量：企业规模（Size），用总资产的自然对数衡量；资产负债率（Lev），用总负债与总资产的比值衡量；成长性（Growth），用营业收入增长率衡量；是否处于垄断行业（Mono）。此外，还控制了公司固定效应和公司聚类效应。

三、实证结果与分析

（一）政府补贴规模的年度分布

图3-1直观地描绘了"营改增"前后政府补贴规模的变动情况。其中，横轴各数值代表年份，将各省市的改革年份取0，并前后各推三年分别设置为-3至3的整数值，例如，若改革年份为2013年，则将2013年设置为0，2010年至2016年依次设置为-3至3的整数值。纵轴各数取$Subsidy_{t+1}$的年度均值，通过七个观测值刻画各年度所有省市补贴的平均情况。可以看到，"营改增"改革试点当年，政府补贴规模总体有明显下降。此外，由于我们取下一年度的补贴额计算$Subsidy_{t+1}$值，因此改革年份明显的下降断点反映了"营改增"发挥作用后带来财政补贴的下降。

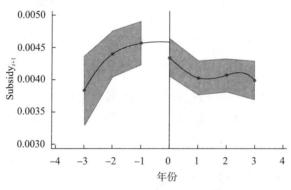

图3-1 "营改增"前后政府补贴规模变动情况

（二）主要变量的描述性统计

表3-2列出了主要变量的描述性统计特征。政府补贴的连续变量（Subsidy$_{t+1}$、Subsidy$_{t+2}$）的均值为 0.0042、0.0040，表明平均而言政府补贴可达企业总资产的 0.4%。政府补贴（Subsidy$_{t+1}$）中位数为 0.0019，而最大值为 0.0370，表明不同企业获得政府补贴的数额差异较大，地方政府选择给予财政补贴的对象和金额具有一定的针对性。"营改增"改革（Post）的均值为 0.6621，表明 66.21% 的公司年度观测值分布在"营改增"改革后。资产规模（Size）的均值为 21.9836，最大值为 26.6525，表明不同企业资产规模差异较大。资产负债率（Lev）的均值和中位数分别为 0.4315、0.4236。成长性（Growth）的均值为 0.2240，表明样本企业的营业收入增长率平均维持在 22.4% 的水平，中位数为 0.1263，最大值与最小值之间差距较大，表明不同企业的成长性分布较为离散。处于垄断行业变量（Mono）的均值为 0.1162，表明 11.62% 的企业处于垄断行业。可以看出，不同企业的规模、负债水平及发展能力等基本面数据存在较大差异，这些都会影响地方政府对补贴对象的选择和对补贴数额的确定，所以如果我们能控制这些描述性统计特征，就能更好地分离出政策效应。

表 3-2 主要变量的描述性统计特征

	样本数	均值	标准差	最小值	25%分位数	中位数	75%分位数	最大值
Subsidy$_{t+1}$	10 854	0.0042	0.0064	0.0000	0.0005	0.0019	0.0048	0.0370
Subsidy$_{t+2}$	10 854	0.0040	0.0062	0.0000	0.0005	0.0018	0.0047	0.0370
Post	10 854	0.6621	0.4730	0.0000	0.0000	1.0000	1.0000	1.0000
Size	10 854	21.9836	1.2926	18.9920	21.0698	21.8007	22.7003	26.6525
Lev	10 854	0.4315	0.2218	0.0516	0.2527	0.4236	0.5966	1.3105
Growth	10 854	0.2240	0.5596	-0.7108	-0.0043	0.1263	0.2925	4.2261
Mono	10 854	0.1162	0.3205	0.0000	0.0000	0.0000	0.0000	1.0000

（三）研究假设检验：挤出效应还是补贴效应

表 3-3 是根据模型（1）进行回归得出的结果。列（1）、（2）分别以企业

在 $t+1$、$t+2$ 年获得的补贴为因变量。Post 变量的符号衡量企业在推行"营改增"后补贴数额的变化情况:若符号为负,则表明"营改增"政策的推行对政府财政收入产生一定程度的"挤出",地方政府为缓解财政压力会适当减小对企业的补贴力度,支持假设 1a 提出的挤出效应;若符号为正,则表明地方政府为了减小"营改增"政策的推行阻力,不仅不减少补贴,反而加大对部分企业的补贴力度,支持假设 1b 提出的补贴效应。可以看到 Post 系数在 1% 水平上显著为负,这表明"营改增"后,企业在 $t+1$、$t+2$ 年获得的补贴减少,"营改增"带来了明显的补贴挤出效应。

表 3-3 "营改增"对企业补贴的整体影响

变量	(1) $Subsidy_{t+1}$	(2) $Subsidy_{t+2}$
Post	-0.0006***	-0.0006***
	(0.0001)	(0.0000)
Size	-0.0004**	-0.0002
	(0.0350)	(0.1566)
Lev	0.0022***	0.0012**
	(0.0094)	(0.0437)
Growth	-0.0002*	-0.0000
	(0.0761)	(0.9867)
Mono	-0.0008	-0.0007
	(0.1580)	(0.3598)
FE	控制	控制
Year	控制	控制
常数项	0.0153***	0.0119***
	(0.0052)	(0.0056)
N	10 854	10 854
Adj-R^2	0.6043	0.5947

注:***、**和*分别表示变量在 1%、5%、10% 水平上显著,括号内为 p 值。

(四)区分不同补贴类型

政府向企业发放的补贴包括增值税返还、财政补贴、财政综合、新产品和创新奖励、所得税返还等多种类型。政府发放不同类型补贴的动机可能不同,不同类型补贴的发放标准和政府自由裁量权存在差异(余明桂等,2010)。增值税返还以及出口退税受税法明确管制,地方政府几乎没有自由裁量权。创新奖励和创新补贴主要用于鼓励企业创新。其他的政府补助发放动机较为多样,包括作为综合补贴、奖励等,政府的自由裁量权较大。受"营改增"影响,不同类型补贴的挤出效应可能存在差异。我们把企业获得的补贴分为创新补贴、税收返还、综合补贴三类,表3-4列(1)、(2)以企业在$t+1$、$t+2$年获得的创新补贴为因变量,列(3)、(4)以企业在$t+1$、$t+2$年获得的税收返还为因变量,列(5)、(6)以企业在$t+1$、$t+2$年获得的其他综合补贴为因变量。表3-4的回归结果显示,"营改增"后企业获得的创新补贴、综合补贴明显减少,税收返还未受明显影响。

表 3-4 区分补贴类型的"挤出效应"检验

变量	创新补贴		税收返还		综合补贴	
	(1)	(2)	(3)	(4)	(5)	(6)
	$Subsidy_{t+1}$	$Subsidy_{t+2}$	$Subsidy_{t+1}$	$Subsidy_{t+2}$	$Subsidy_{t+1}$	$Subsidy_{t+2}$
Post	−0.0001	−0.0002***	0.0001	−0.0001	−0.0005***	−0.0004***
	(0.2453)	(0.0004)	(0.2060)	(0.3105)	(0.0000)	(0.0002)
Size	−0.0001*	−0.0002***	−0.0000	0.0000	−0.0003**	0.0000
	(0.0532)	(0.0000)	(0.6110)	(0.9352)	(0.0394)	(0.7632)
Lev	−0.0001	−0.0003	0.0001	0.0002	0.0016***	0.0011**
	(0.5818)	(0.1349)	(0.7460)	(0.3338)	(0.0036)	(0.0233)
Growth	−0.0000	0.0000	0.0000	0.0000	−0.0001	−0.0001
	(0.1726)	(0.2098)	(0.1609)	(0.4036)	(0.1778)	(0.2302)

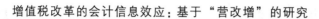

（续表）

变量	创新补贴		税收返还		综合补贴	
	(1) $Subsidy_{t+1}$	(2) $Subsidy_{t+2}$	(3) $Subsidy_{t+1}$	(4) $Subsidy_{t+2}$	(5) $Subsidy_{t+1}$	(6) $Subsidy_{t+2}$
Mono	0.0001	0.0001	−0.0000	−0.0001	−0.0008*	−0.0005
	(0.4491)	(0.6595)	(0.9370)	(0.8268)	(0.0729)	(0.3052)
FE	控制	控制	控制	控制	控制	控制
Year	控制	控制	控制	控制	控制	控制
常数项	0.0026*	0.0052***	0.0043	0.0043	0.0080***	0.0010
	(0.0914)	(0.0000)	(0.1062)	(0.1178)	(0.0069)	(0.6943)
N	10 854	10 854	10 854	10 854	10 854	10 854
Adj-R^2	0.5244	0.5054	0.7594	0.7049	0.4816	0.4317

注：***、**和*分别表示变量在1%、5%、10%水平上显著，括号内为 p 值。

（五）稳健性测试

1. 平行趋势检验

我们分析了"营改增"前研究样本是否符合平行趋势，"营改增"是否改变了平行趋势。以 $t+2$ 年的财政补贴为因变量，图3-2显示了"营改增"事件点前后三年系数的估计结果，点值表示均值，虚线代表置信区间，可以看到，"营改增"前三年系数的置信区间均包括0，即系数均不异于0，平行趋势得到满足。"营改增"后三年的系数都是显著不为0的，且随着政策的实施，"营改增"后第二年补贴挤出效应加强。

2. 安慰剂检验

为了检验企业所获得的财政补贴确实是因为受到"营改增"的政策冲击而减少的，我们将政策推行时点分别前推一年和两年，对 $Post_t$ 的取值做相应调整。如上海企业的 $Post_t$ 取值自2012年开始取1，若前推一年，则 $Post_t$ 自2011年开始取1。结果表明，将政策时点分别前推一年和两年时，$Post_t$ 系数不

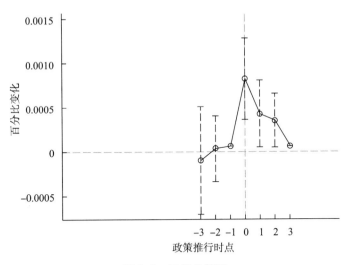

图 3-2 平行趋势图

显著,企业在未来一年所获得的补贴未明显减少。这说明,企业补贴减少主要是由"营改增"带来的财政挤出效应所致。

四、进一步分析

现有文献发现,国有企业比民营企业获得更多的财政补贴(Lin 等,1998)。此外,高行政级别城市的企业所能获得的政府补贴更多(江艇等,2018);地方政府的财政压力也会影响其收支决策(王健等,2017);企业具有政治联系更易获得财政补贴(余明桂等,2010)。那么这些因素是否会进一步影响"营改增"带来的财政挤出效应呢?为研究这一问题,我们将进一步分析产权性质、财政压力、城市行政级别及政治联系这四个因素对"营改增"带来的财政挤出效应的调节作用。与此同时,对于"营改增"后企业获得的补贴减少是否产生显著的经济后果,我们拟从企业创新角度进行分析。

(一)产权性质的调节作用

一方面,地方政府一般倾向于给予国有企业更高程度的补贴。在我国,国

增值税改革的会计信息效应：基于"营改增"的研究

有企业和非国有企业想要达成的社会性目标存在差别，决定了政府补贴这两类企业时考量的内容往往不同。国有企业承担着某种程度的政策性职能（Lin等，1998）。国有企业发生亏损时，政府往往要追加投资、增加贷款、减税并提供财政补贴（Kornai等，2003；王红建等，2014）。

另一方面，国有企业获得的补贴可能对"营改增"更敏感。"营改增"带来的结构性减税效应会加大地方财政压力，地方政府为满足支出的刚性需求，要么通过其他渠道"开源"增加财政收入，要么必须采取"节流"的方式缓解压力。相较于国有企业，民营企业在"营改增"前所获得的补贴本来就不多，"营改增"的财政挤出效应不会造成民营企业的补贴额明显下降。当地方政府财政收入的"蛋糕"变小时，国有企业补贴对财政挤出效应反应的敏感度提高，表现为国有企业的补贴额在"营改增"后会呈现出更为明显的下降。

因此，我们预期："营改增"的补贴挤出效应因企业的产权性质不同而不同。

为分析产权性质的调节作用，我们在模型（1）的基础上，考虑企业性质（Nonsoe）对 Post 的调节作用，建立如下模型：

$$\text{Subsidy}_{i,t+1} = \alpha + \beta'_1 \text{Post}_{i,t} \times \text{Nonsoe}_{i,t} + \beta'_2 X'_{i,t} + \varepsilon_{i,t} \qquad (2)$$

根据实际控制人性质判断企业性质，当企业 i 在 t 年度为民营企业时，Nonsoe 取 1；当企业为国有企业时，Nonsoe 取 0。其余变量定义同前。

表 3-5 报告了产权性质对"营改增"的补贴挤出效应的调节作用。列（1）、(2) 是国有企业样本的回归结果，列（3）、(4) 是民营企业样本的回归结果，列（5）、(6) 是使用交乘项的全样本回归结果。在国有企业和民营企业中，Post 系数分别在 5%、1% 水平上显著为负，表明国有企业和民营企业在"营改增"后都承受着补贴的挤出效应。列（5）中，在 $t+1$ 年，Post 与企业性质 Nonsoe 的交乘项系数为负，且在 1% 水平上显著，表明推行"营改增"后，民营企业相比国有企业获得补贴的减少幅度更大。到 $t+2$ 年，"营改增"的补贴挤出效应在国有企业和民营企业中的差异不再显著 [列（6）]。

表 3-5 产权性质对"营改增"的补贴挤出效应的调节作用

变量	国有企业		民营企业		全样本	
	（1） Subsidy$_{t+1}$	（2） Subsidy$_{t+2}$	（3） Subsidy$_{t+1}$	（4） Subsidy$_{t+2}$	（5） Subsidy$_{t+1}$	（6） Subsidy$_{t+2}$
Post	-0.0004**	-0.0005**	-0.0008***	-0.0008***	-0.0002	-0.0005**
	(0.0469)	(0.0254)	(0.0003)	(0.0004)	(0.3528)	(0.0112)
Post×Nonsoe					-0.0008***	-0.0003
					(0.0060)	(0.3135)
Nonsoe					0.0014*	0.0006
					(0.0956)	(0.2427)
Size	-0.0000	-0.0005	-0.0008***	-0.0001	-0.0005**	-0.0003
	(0.8929)	(0.1259)	(0.0041)	(0.5417)	(0.0356)	(0.1231)
Lev	0.0031*	0.0017	0.0024**	0.0006	0.0024***	0.0011*
	(0.0710)	(0.1752)	(0.0185)	(0.5016)	(0.0050)	(0.0902)
Growth	-0.0003*	-0.0003**	-0.0001	0.0002	-0.0002*	0.0000
	(0.0580)	(0.0333)	(0.3678)	(0.1127)	(0.0996)	(0.7521)
Mono	-0.0016*	-0.0018	0.0002	0.0008	-0.0008	-0.0007
	(0.0539)	(0.1692)	(0.7753)	(0.3827)	(0.1681)	(0.3730)
FE	控制	控制	控制	控制	控制	控制
Year	控制	控制	控制	控制	控制	控制
常数项	0.0075	0.0179**	0.0213***	0.0072	0.0156***	0.0126***
	(0.3237)	(0.0112)	(0.0004)	(0.1335)	(0.0065)	(0.0047)
N	4 449	4 449	5 876	5 876	10 325	10 325
Adj-R^2	0.6377	0.6067	0.5895	0.5794	0.6019	0.5923

注：***、**和*分别表示变量在1%、5%、10%水平上显著，括号内为 p 值。

（二）财政压力的调节作用

减税降费政策在减轻企业负担的同时也会给各级财政带来巨大压力（郭庆旺，2019）。"营改增"的推行取消了地方政府可以自主支配的营业税收入，大大缩小了地方征税税基（曹越和李晶，2016）。同时，不同于之前营业税收入由地方政府独享的情况，"营改增"期间增值税收入由中央政府和地方政府按7.5：2.5的比例分成，虽然"营改增"全面扩围后于2016年第三季度起由中央政府和地方政府"五五分成"，但是，地方政府仍面临税收收入的减少（张伦伦，2016）。尽管政府税收收入减少，但政府财政支出的很大一部分仍为刚性支出。地方政府肩负着维持社会治安、提供公共物品等事权责任，该部分支出可减小的弹性十分有限（Tiebout，1956）。自1994年分税制改革以来，财权逐步上移，但事权并未与之配套，地方政府一直面临财政赤字，不得不诉诸招商引资扩大税基或构建土地财政等手段缓解财政压力。有研究发现，"营改增"扩大了地方政府财政赤字，并促使地方政府将出让土地作为财政收入开源的突破口（王健等，2017）。地区财政压力越大，"营改增"越会对本已拮据的地方政府产生进一步冲击。这个时候，地方政府一方面会想办法"开源"，另一方面会适当压缩弹性支出，比如减少在以前财力优渥时对企业承诺或准备给予的补贴，企业获得的补贴相比以往年度应该会有更大幅度的减少。因此，我们预期：地方政府财政压力越大，"营改增"的补贴挤出效应越显著。

为分析财政压力的调节作用，我们按财政压力大小分组对模型（1）做回归分析。财政压力用地方政府财政支出与财政收入的差额（即财政缺口）与财政收入的比值衡量。若企业i所在省份在t年度的财政压力大于中位数，则将该企业定义为地处财政压力大的省份；否则，将该企业定义为地处财政压力小的省份。其他变量定义同前。表3-6列（1）、（2）报告了地处财政压力大的省份的观测值回归结果，表3-6列（3）、（4）报告了地处财政压力小的省份的观测值回归结果。回归结果显示，在财政压力大和财政压力小的地区，Post系数分别在1%和10%的水平上显著为负，表明这些地区的企业在"营改增"后财政补贴都明显减少。①

---

① 我们也分析了"营改增"变量Post与财政压力的交乘项、"营改增"变量Post与城市行政级别的交乘项，交乘项系数不显著，因此表3-6、表3-7未报告交乘项的相关结果。

表 3-6 财政压力对"营改增"的补贴挤出效应的调节作用

变量	财政压力大		财政压力小	
	（1）	（2）	（3）	（4）
	$Subsidy_{t+1}$	$Subsidy_{t+2}$	$Subsidy_{t+1}$	$Subsidy_{t+2}$
Post	-0.0008***	-0.0007***	-0.0004*	-0.0005***
	(0.0001)	(0.0020)	(0.0942)	(0.0060)
Size	-0.0001	-0.0003	-0.0008**	-0.0000
	(0.7106)	(0.1389)	(0.0139)	(0.9236)
Lev	0.0026**	0.0013	0.0021	0.0004
	(0.0324)	(0.1269)	(0.1392)	(0.7146)
Growth	-0.0003*	0.0001	-0.0001	-0.0001
	(0.0673)	(0.4880)	(0.4220)	(0.5587)
Mono	-0.0022*	-0.0010	0.0003	-0.0007
	(0.0550)	(0.4766)	(0.6299)	(0.5366)
FE	控制	控制	控制	控制
Year	控制	控制	控制	控制
常数项	0.0144**	0.0187***	0.0188***	0.0055
	(0.0192)	(0.0000)	(0.0078)	(0.3601)
N	4 907	4 907	5 018	5 018
Adj-R^2	0.5787	0.5839	0.6341	0.6237

注：***、**和*分别表示变量在1%、5%、10%水平上显著，括号内为 p 值。

（三）城市行政级别的调节作用

行政级别较高的城市距离资源再分配的权力中心更近，拥有更多的政治资本和话语权，对上级政府的决策能施加更大的政治影响，因此能够争取较多的资本（江艇等，2018；Szelenyi 和 Kostello，1996）。在我国，直辖市和副省级城市的地方政府因更靠近资源分配的中心而能获得更多资源。因此，地处直辖

增值税改革的会计信息效应：基于"营改增"的研究

市、副省级城市的企业可能在"营改增"后仍可获得较多的财政补贴。从政府主观动机来看，行政级别较高的政府也倾向于保留更多的经济资源。其一，国内上下级政府间一直存在税收竞争，上级政府更愿意为本级政府保留财政收入（宁家耀等，2012），不同级别政府掌握和调动经济资源的能力差距进一步拉大。其二，较高行政级别的政府出于财权与事权匹配的需要也会要求保留更多财政收入。比如省级政府肩负着资源调度分配、均衡地区发展的重任，出于宏观调控的需要，掌握的经济资源比地市、县镇级政府更丰富（邓伟，2011）。周黎安和吴敏（2015）研究了省以下各级政府间的税收分成，发现我国省以下各级政府间的收入分配并未推行较为彻底的分税制，且省级政府下辖各市的经济总量差异化程度越高，省级政府分成的税收比例越高。分税制改革后，为了完善财政管理体系、缓解地区间经济发展差异，国务院于2002年12月印发《国务院批转财政部关于完善省以下财政管理体制有关问题意见的通知》提出，对于省以下地区间人均财力差距较大的地区，要适当提高省、市级财政收入比重，并将因此而增加的收入用于对县、乡的转移支付，调节地区间财政收入差距。各省也建立了相应的配套制度，如福建省要求设区市级地方一般预算收入的20%作为省级固定分成收入①，浙江省则要求所辖市、县地方政府将地方财政收入超过2002年收入基数增量部分的20%作为省级收入②，也有其他省份会挑选某些重点行业或特别重要企业的增值税作为省本级的固定收入。省级政府既能获得中央预算收入的优先分成，也能获得地方的财政上缴，掌握的资源相对优渥，而副省级城市地方政府因其特殊的行政级别也能相应获得比普通地市级政府更多的资源。这种获取和保留经济资源的能力也会影响辖区内企业所获补贴额的差异，表现为行政级别越高的城市，企业所能获得

---

① 资料来源：福建省人民政府关于调整市县财政体制的通知［EB/OL］．（2002-09-10）［2023-07-07］．http：//www.110.com/fagui/law_ 23918.html.

② 资料来源：浙江省人民政府关于进一步完善地方财政体制的通知［EB/OL］．（2003-10-31）［2023-07-07］．http：//www.110.com/fagui/law_ 28439.html.

第三章 "营改增"的减税效应与税收征管：基于政府补贴视角的考察

的政府补贴越多（江艇等，2018）。

但是，"营改增"后，所在城市行政级别较高的企业获得的财政补贴也可能因为当地政府税收收入变化对"营改增"更敏感而显著减少。一方面，城市行政级别较高的地方政府所能控制的经济资源更丰富，因此对于其管辖的企业来说，在"营改增"前政府财政相对宽松的时期，它们相较于其他企业能享受到更多的补贴，而一旦政府财力下降，其所获补贴的下降幅度也会比其他企业更大。另一方面，行政级别较高的城市往往经济发展水平更高、基础设施更优良，吸引着众多重点企业、"龙头"企业落户，这些大企业一直以来承担着地方的纳税重任，但这些企业同样是"营改增"结构性减税的最大受益者，"营改增"后，地方政府不得不面临巨额的税收流失，因此这些城市的地方政府面临的财力趋紧压力更大，会更大程度地压缩辖区内企业所获得的补贴。

因此，我们预期："营改增"的补贴挤出效应会因城市行政级别的不同而有所不同。

我们按上市公司注册所在地地区层级分组，对模型（1）做回归分析。我们将上市公司注册所在地城市行政级别划分为省级（包括副省级城市、直辖市）、地市级、县级三级。其他变量定义同前。表3-7报告了城市行政级别对"营改增"的补贴挤出效应进行回归分析的结果。在 $t+1$ 年，如列（1）、（3）、（5）所示，省级和地市级企业中，Post的系数在1%水平上显著为负，县级企业中，Post的系数为负但不显著。这表明，位于不同行政级别城市的企业面临的补贴下降程度不一样。省级和地市级企业过去获得的补贴额相比县级企业更大，因此在"营改增"后政府财力趋紧时遭遇的补贴下滑幅度也更大，即这些城市中企业的财政补贴水平对"营改增"更敏感。而对于地处较低行政级别城市的企业，尤其是县级企业，"营改增"对当地企业所获补贴的影响不大。需要注意的是，在 $t+2$ 年，如列（2）、（4）、（6）所示，位于不同行政级别城市的企业在"营改增"后获得的财政补贴均明显减少。这表明，"营改增"对政府发放财政补贴的影响是具有长期效应的。

增值税改革的会计信息效应：基于"营改增"的研究

表 3-7　城市行政级别对"营改增"的补贴挤出效应的调节作用

变量	省级		地市级		县级	
	（1）	（2）	（3）	（4）	（5）	（6）
	$Subsidy_{t+1}$	$Subsidy_{t+2}$	$Subsidy_{t+1}$	$Subsidy_{t+2}$	$Subsidy_{t+1}$	$Subsidy_{t+2}$
Post	-0.0005**	-0.0005***	-0.0008***	-0.0006**	-0.0003	-0.0013**
	(0.0141)	(0.0013)	(0.0003)	(0.0108)	(0.5600)	(0.0204)
Size	-0.0006**	-0.0004*	-0.0001	-0.0003	-0.0011	-0.0003
	(0.0192)	(0.0844)	(0.6789)	(0.2154)	(0.1217)	(0.7050)
Lev	0.0014	0.0013	0.0021*	0.0016*	0.0096***	0.0040
	(0.2275)	(0.1033)	(0.0508)	(0.0519)	(0.0061)	(0.2461)
Growth	-0.0001	-0.0001	-0.0002	0.0001	-0.0001	0.0001
	(0.2447)	(0.2952)	(0.2327)	(0.3890)	(0.7997)	(0.7601)
Mono	-0.0009	-0.0008	-0.0007	0.0004	0.0004	0.0013*
	(0.1502)	(0.3665)	(0.3292)	(0.7538)	(0.3733)	(0.0748)
FE	控制	控制	控制	控制	控制	控制
Year	控制	控制	控制	控制	控制	控制
常数项	0.0198***	0.0156***	0.0070	0.0095*	0.0250*	0.0125
	(0.0025)	(0.0022)	(0.3404)	(0.0675)	(0.0877)	(0.4348)
N	6 394	6 394	4 668	4 668	1 007	1 007
Adj-R^2	0.6482	0.6431	0.5741	0.5581	0.4303	0.4449

注：***、**和*分别表示变量在1%、5%、10%水平上显著，括号内为 p 值。

（四）政治联系的调节作用

具有政治联系的民营企业更易获得财政补贴（余明桂等，2010）。因此，在实施"营改增"收紧地方政府税源的背景下，具有政治联系的民营企业仍可能获得较多的财政补贴，无政治联系的民营企业"营改增"后获得的财政补贴水平下降得更显著。我们把民营企业按是否有政治联系划分为两个子样本组，对模型（1）做回归分析。通过 CSMAR 数据库主要识别企业高管（包括董事长、首席执行官及首席财务官）是否具有政治背景，只要有一人具有政治背景，我们就认为该企业具有某种程度的政治联系。表3-8报告了分组检验的结果，列（3）、（4）中，Post 系数在无政治联系的民营企业中显著为负，表明无政治联系的民营企业获得的财政补贴水平在"营改增"后有更明显的下降。

表 3-8 政治联系对民营企业"营改增"后获得补贴的调节作用

变量	有政治联系		无政治联系	
	（1）	（2）	（3）	（4）
	$Subsidy_{t+1}$	$Subsidy_{t+2}$	$Subsidy_{t+1}$	$Subsidy_{t+2}$
Post	-0.0004	-0.0005	-0.0007***	-0.0008***
	(0.3744)	(0.2759)	(0.0062)	(0.0018)
Size	-0.0012*	-0.0003	-0.0007***	-0.0000
	(0.0614)	(0.6598)	(0.0069)	(0.9274)
Lev	0.0015	0.0009	0.0021*	0.0004
	(0.4897)	(0.6785)	(0.0741)	(0.7417)
Growth	0.0003	0.0003	-0.0002	0.0001
	(0.3912)	(0.4023)	(0.1914)	(0.3431)
Mono	-0.0002	0.0006	0.0003	0.0011
	(0.7927)	(0.4792)	(0.7470)	(0.4544)
FE	控制	控制	控制	控制
Year	控制	控制	控制	控制
常数项	0.0336**	0.0105	0.0179***	0.0041
	(0.0180)	(0.4417)	(0.0012)	(0.4478)
N	1 431	1 431	4 445	4 445
Adj-R^2	0.6358	0.6185	0.5925	0.5785

注：***、**和*分别表示变量在1%、5%、10%水平上显著，括号内为 p 值。

（五）"营改增"的补贴挤出效应的经济后果

政府提供补贴的一大动因是促进企业创新（陈林和朱卫平，2008；周亚虹等，2015）。那么，"营改增"的补贴挤出效应是否影响企业创新？我们使用企业 $t+1$、$t+2$ 年专利申请数量的自然对数衡量企业创新水平（专利申请总数 Totalpatent、发明专利 Patent1、实用新型技术 Patent2、外观设计 Patent3）；同时，控制企业盈余能力（Roa）、固定资产比重（Ppe）、资本支出（Cape）、托宾 Q（Tobinq）对企业创新的影响。其余变量同前。表 3-9 对"营改增"的补贴挤出效应是否影响企业创新进行了回归分析。在 $t+1$、$t+2$ 年，"营改增"后，企业补贴对创新的促进作用明显下降，如列（1）、(3)、(6）所示，主要是发明专利和实用新型技术的专利申请数量减少。

表 3-9 "营改增"的补贴挤出效应的经济后果

变量	(1) Totalpatent$_{t+1}$	(2) Totalpatent$_{t+2}$	(3) Patent1$_{t+1}$	(4) Patent1$_{t+2}$	(5) Patent2$_{t+1}$	(6) Patent2$_{t+2}$	(7) Patent3$_{t+1}$	(8) Patent3$_{t+2}$
Subsidy×Post	−16.6592*	−16.3705	−21.1005**	−8.2205	−15.5430	−24.3911**	−17.1976	14.3039
	(0.0782)	(0.1063)	(0.0375)	(0.4438)	(0.2025)	(0.0460)	(0.3576)	(0.4759)
Post	0.1744***	0.2872***	0.2419***	0.2737***	0.1480***	0.2390***	0.0186	0.0659
	(0.0000)	(0.0000)	(0.0000)	(0.0000)	(0.0001)	(0.0000)	(0.7995)	(0.3231)
Subsidy	21.3596**	8.0812	23.6362***	6.7300	12.2876	11.3721	13.2099	−19.2582
	(0.0104)	(0.3785)	(0.0069)	(0.4814)	(0.2392)	(0.3058)	(0.4440)	(0.3169)
Size	0.5929***	0.3528***	0.5438***	0.3466***	0.5049***	0.3166***	0.4707***	0.3434***
	(0.0000)	(0.0000)	(0.0000)	(0.0000)	(0.0000)	(0.0000)	(0.0000)	(0.0000)
Lev	0.0332	0.2033	0.2429	0.4094**	0.2649	0.3381*	−0.2486	−0.1549
	(0.8549)	(0.1736)	(0.1968)	(0.0149)	(0.2034)	(0.0542)	(0.4885)	(0.6424)
Roa	0.4719	0.5849	0.7314*	0.1406	0.8560*	0.5634	1.2271	1.3042*
	(0.2152)	(0.1210)	(0.0758)	(0.7203)	(0.0561)	(0.1623)	(0.1329)	(0.0738)
Ppe	0.4621**	0.4306**	0.3679	0.2624	0.5541**	0.5300**	0.4882	−0.2605
	(0.0347)	(0.0232)	(0.1089)	(0.2004)	(0.0219)	(0.0167)	(0.3080)	(0.5293)
Cape	−0.4077	−0.0716	−0.2287	0.3028	−0.6451*	−0.4464	0.6158	−0.2217
	(0.1652)	(0.7995)	(0.4624)	(0.3014)	(0.0566)	(0.1791)	(0.3852)	(0.7032)

（续表）

变量	（1） Totalpatent$_{t+1}$	（2） Totalpatent$_{t+2}$	（3） Patent1$_{t+1}$	（4） Patent1$_{t+2}$	（5） Patent2$_{t+1}$	（6） Patent2$_{t+2}$	（7） Patent3$_{t+1}$	（8） Patent3$_{t+2}$
Tobinq	0.0184**	0.0158**	0.0177**	0.0129*	0.0122*	0.0110***	0.0211	0.0124
	（0.0185）	（0.0145）	（0.0301）	（0.0620）	（0.0526）	（0.0061）	（0.1663）	（0.4175）
FE	控制	控制	控制	控制	控制	控制	控制	控制
Year	控制	控制	控制	控制	控制	控制	控制	控制
常数项	−11.8603***	−5.7477***	−9.9453***	−6.3353***	−9.2177***	−4.9586***	−8.6279***	−5.5215***
	（0.0000）	（0.0000）	（0.0000）	（0.0000）	（0.0000）	（0.0000）	（0.0001）	（0.0031）
N	9 444	9 646	8 555	8 809	7 968	8 229	3 759	4 003
Adj-R^2	0.7655	0.7699	0.7590	0.7521	0.7378	0.7384	0.6342	0.6400

注：***、**和*分别表示变量在1%、5%、10%水平上显著，括号内为 p 值。

第三节 结论与启示

"营改增"不仅影响政府的各项收支决策，还关系到微观市场中供求双方的行为抉择。本研究基于控制公司固定效应的 DID 模型，通过地方政府财政补贴的视角探究"营改增"这项宏观政策对政府行为的影响。研究发现"营改增"后企业获得的地方政府财政补贴显著减少，主要是创新补贴、综合补贴明显减少，而税收返还未受显著影响。进一步的研究发现：①相较于地处行政级别较低城市（县级）的企业，地处行政级别较高城市（副省级、直辖市、地市级）的企业在"营改增"后获得的补贴明显减少；②"营改增"带来的补贴挤出效应同时显著存在于国有企业和民营企业中，但民营企业的补贴在"营改增"后减少得更明显；相较于有政治关联的民营企业，无政治关联的民营企业在"营改增"后获得的财政补贴减少得更明显；③"营改增"带来的补贴挤出效应同时显著存在于财政压力大和财政压力小的地区中；④"营改增"带来的补贴挤出效应显著减少了企业的创新活动，表现为发明专利、实用新型技术的专利申请数量减少。

"营改增"造成企业所获补贴减少主要是因为"营改增"减少了地方政府可支配的税收收入，而这可能会促使地方政府加大税收监管力度、严格规范征收程序。与此同时，地方政府可能会诉诸土地财政来弥补地方财政收支缺口。因此，从长远来看，理顺、重新构建中央和地方税收收入和分配体系，为地方财政开拓新的税收渠道将是日后关注的重点。

第四章 产业互联、"营改增"与盈余管理

第一节 问题的提出和理论分析

一、问题的提出

产业互联刻画了上下游企业之间的关联程度。上游企业的收入是下游企业的成本费用，产业互联有助于使企业私有的收入、成本费用信息变为具有半公共品特征的行业信息。"营改增"作为重要的税制改革，打通了企业上下游的增值税抵扣链条，提高了企业上下游之间的信息依存程度，提高了企业之间的信息共享和揭示程度。那么，产业互联能否提升企业会计信息质量？"营改增"能否对产业互联与会计信息质量之间的关系产生调节作用？

本研究可能在以下方面具有贡献：第一，从产业互联的角度揭示供应链信息共享功能对会计信息质量具有治理作用。现有研究供应链与企业会计行为的文献多认为，一方面，供应链企业在标准化流程、销售、营销、生产发展、成本分析和存货管理方面实现过程整合（Luo 和 Nagarajan，2015；Kulp 等，2004），供应链企业通过参与过程整合降低费用和生产成本，提高销售预测和生产效率，最终促进增长，获取供应链的收益（Schloetzer，2012）；另一

增值税改革的会计信息效应：基于"营改增"的研究

方面，企业为了迎合供应商/客户对企业财务的预期而进行盈余管理（Graham 等，2005；Bowen 等，1995），供应链企业之间不对称的依赖程度导致企业会计信息质量下降。本研究发现企业间产业互联程度越高，企业的应计盈余管理和真实盈余管理越受到抑制，这从产业互联的角度为理解供应链与会计信息质量的关系提供了一个解释，揭示了供应链信息共享功能对会计信息质量具有治理作用。

第二，从增值税的视角理解间接税税制改革对企业会计信息质量产生的治理效果。本研究将产业互联作为联结增值税改革与会计信息质量的作用渠道，为理解增值税与盈余管理的关系提供了一个解释。而且，"营改增"作为外生冲击事件，为我们应对内生性问题提供了识别条件。

第三，有助于通过对企业会计信息质量层面的研究辨析有关增值税"税收中性"原则的争论，丰富和拓展了有关增值税改革的政策效果的研究文献。国外关于增值税的研究目前主要关注消费者的增值税负担（DeCicca 等，2013）、增值税与财政收入（Keen 和 Lockwoo，2010）、增值税与企业利润（Kosonen，2015）等，极少数文献涉及增值税与企业投资（Jacob 等，2019）。国内增值税研究文献多关注增值税转型、"营改增"对企业投资、产业转型等的作用机制（李永友和严岑，2018；申广军等，2016）。

二、理论分析与研究假设

供应链具有信息揭示和信息共享功能（Chen 和 Paulraj，2004）。一方面，目前关于供应链管理的文献认为供应链管理可提升战略优势以及企业财务业绩（Chen 和 Paulraj，2004）。企业通过供应链管理加强与上下游企业的协作，可降低费用和生产成本，并提高销售预测准确性，提升生产效率（Schloetzer，2012）。供应链企业在标准化流程、销售、营销、生产发展、成本分析和存货管理方面投资，提升过程整合效率（Kulp 等，2004）。零售商向生产商传递更准确的会计信息，有助于生产商提升管理效率和准确度，提升供应链业绩（Kulp，2002；Hertzel 等，2008）。供应链企业的收入成本信息具有信息效率（Luo 和 Nagarajan，2015）。近几年来也有部分国内学者针对供应链的会计信息传递效应进行研究。王雄元和彭旋（2016）基于客户关系角度发现，客户越稳定，分析师对其盈利的预测就越准确。魏明海等（2018）发现，企业供应链中存在显著的客户盈余信息传递效应。李丹和王丹（2016）发现，供应商对客户身份的披露增加了投资者获取供应商信息的渠道，使得股价同步性降低，且这一结果在客户为上市公司时更加显著。

但是，供应链企业之间不对称的依赖程度会产生资产专用性投资带来的"敲竹杠"问题，引发企业为迎合供应商/客户的财务预期而进行盈余管理。供应链作为连接产品生产及流通过程中所有供应商、分销商、零售商以及最终消费者的网络结构，本质上是一个信息管理系统，是企业与上下游企业进行信息交换的主要渠道，也是企业上下游之间进行双向选择的重要判断依据，企业往往会有针对性、有选择性地披露信息或采取额外的手段来加强自身在这种双向选择中的地位。Bowen 等（1995）发现，由于企业与供应商/客户关系型交易间的隐性契约的存在，管理者会更偏向于选择提升长期业绩的会计政策。Graham 等（2005）表明，企业主要是为了满足其主要供应商/客户对企业财务的预期而进行盈余管理。Raman 和 Shahrur（2008）研究发现，企业应计盈余管理的程度与关系专用性投资显著正相关。Dou 等（2013）的研究则表明，处于契约执行环境较差国家和需要更多关系专用性投资行业的企业倾向于进行更高程度的收益平滑，以传递私有信息。

上下游企业相互依赖，收入、成本费用和利润信息在供应链企业之间相互印证和揭示。上游企业的收入即是下游企业中间投入品的成本。企业与上游行业的关联度越强，中间投入越大（范子英和彭飞，2017），供应商与客户的信息在供应链中的揭示程度越高。产业互联刻画了上下游企业之间的关联程度，产业互联程度越高，企业和供应商的盈余信息越可能变为半公共品性质的行业信息。这一方面缓解了供应链企业之间的信息不对称，抑制企业利用应计项目操纵收入、费用，企业也难以通过调整真实的经营活动进行盈余管理；另一方面增加了投资者获取企业信息的渠道和维度，有助于投资者比对印证会计信息的可靠性，抑制企业进行盈余管理。因此，我们提出以下假设：

假设1：产业互联程度提升可以抑制企业盈余管理。

"营改增"打通和弥合了增值税抵扣链条，提高了产业互联程度（范子英和彭飞，2017），提高了企业与上下游企业之间的信息共享程度。"营改增"之前，制造业企业如果从服务业企业购入中间投入品，是不能抵扣相应的税负成本的，于是企业就会选择自行生产中间投入品（范子英和彭飞，2017；陈钊和王旸，2016）。企业成本信息不易被外部投资者获取，企业也更易隐藏或操纵盈余。"营改增"之后，服务业改为缴纳增值税，购买制造业企业中间投入品的进项税额可以扣除，供应链协作的税收成本降低，制造业企业外购中间投入品的成本变得透明和可印证。因此，"营改增"扩大了产业互联对供应链信息的揭示和共享效应。一定意义上而言，"营改增"使企业收入、成本信息变为沿供应链传导的行业半公共品信息。

从增值税的特点来看，我国对增值税一般纳税人实行抵扣法计算增值税，使得增值税发票管理形成闭环，供应链上的企业对购销往来有监督的作用，进一步强化了产业互联的信息共享机制，强化了对企业盈余信息形成的治理效应。而且，增值税征管信息化程度高，使产业互联企业之间的收入、成本信息的比对印证具有技术支持。通过电子信息交流渠道实现信息分享是提升供应链过程整合和信息共享效率的一条重要途径（Narayanan等，2009）。因此，我们提出以下假设：

假设2："营改增"提高了产业互联对企业盈余管理的抑制程度。

虽然增值税的税收中性原则认为企业未承担增值税负担，但是，需求价格弹性影响着企业转嫁增值税税负的能力（Jacob等，2019）。从企业盈余管理动机来看，需求价格弹性小的企业定价能力较强，企业利润率较高，更有动机隐藏收入以平滑企业利润，进行向下的盈余管理。由于"营改增"增强了产业互联的信息共享效应，因此需求价格弹性小的企业进行向下盈余管理的程度将受到明显抑制。由此，我们提出以下假设：

假设 3："营改增"增强产业互联对企业盈余管理的抑制效应在需求价格弹性小的企业中更显著。

第二节　实证研究

一、数据来源与研究设计

2012 年 1 月"营改增"改革开始实施，本研究的研究样本以 2010—2014 年在沪深交易所上市的 A 股上市公司为初选对象，并进行进一步的筛选。由于制造业中间投入品成本、企业的收入和利润受供应链上游企业"营改增"的影响，因此本研究借鉴陈钊和王旸（2016）的思路，选取制造业企业作为实验组。同时，本研究借鉴范子英和彭飞（2017）的思路和做法，选取样本期间内未进行"营改增"的房地产业、生活服务业和建筑安装业企业为对照组，剔除 2014 年进行"营改增"的铁路运输业、邮政业和电信业企业，并进一步剔除产权性质不明的样本和数据缺失样本，共得到 5 403 个有效公司年度观测值。

本研究使用模型（1）并控制公司固定效应回归分析产业互联、"营改增"对企业盈余管理的影响。

$$\text{Acc\_EM}_{i,t}(\text{Real\_EM}_{i,t}) = c + \beta_1 \text{RELATED}_{i,t} + \beta_2 \text{RELATED}_{i,t} \times \text{B2V}_{i,t} + \beta_3 \text{B2V}_{i,t} + \beta'_4 \text{Control}_{i,t} + \eta_t + \delta_i + \varepsilon_{i,t} \quad (1)$$

其中，被解释变量为企业的盈余管理程度，本研究从应计盈余管理和真实盈余管理两个维度来衡量。对于应计盈余管理程度 $\text{Acc\_EM}_{i,t}$，本研究使用 DD 模型（Dechow 和 Dichev，2002）计算得出，同时，在稳健性检验中使用 B-S 模型（Ball 和 Shivakumar，2005）计算应计盈余管理程度。对于真实盈余管理程度 $Real\_EM_{i,t}$，本研究使用 Roychowdhury（2006）模型计算得出。对于解释变量产业互联程度 $RELATED_{i,t}$，使用范子英和彭飞（2017）的方法进行处理，基于 2012 年中国投入产出表和增值税行业列表，测算了行业间的增值税关联度，然后与上市公司匹配。$B2V_{i,t}$ 表示 $Treat_{i,t}$ 与 $Post_{i,t}$ 的交乘项。当公司 i 属于制造业时，$Treat_{i,t}$ 取 1，否则取 0；$Post_{i,t}$ 表示公司 i 所处地区在 t 年度是否推行"营改增"，若当年度属于"营改增"当年度或"营改增"后年度，则取 1，否则取 0。例如，上海从 2012 年开始进行"营改增"试点，则注册于上海的公司自 2012 年起 $Post_{i,t}$ 取 1，2012 年以前的年度取 0。

根据盈余管理的研究文献（Cohen 和 Zarowin，2010），模型（1）的控制变量如表 4-1 所示：企业规模（Size，企业总资产的自然对数）、资产负债率（Lev，总负债除以总资产）、总资产收益率（Roa，净利润除以总资产）、收入增长率（Growth，即营业收入增长率）、资产周转率（Turn，销售收入除以总资产）、资本支出（Expenditure，购建固定资产、无形资产和其他长期支付的现金除以总资产）、净现金流量（Cashflow，现金及现金等价物除以总资产）、是否发放现金股利（Cashdividend，发放现金股利取值为 1，否则为 0）、上年度是否亏损（Loss，上年度亏损取值为 1，否则为 0）、财务困境 Z 指数（Zscore）、管理层持股比例（Manage）、国有股比例（Wshare）、第一大股东持股比例（Shrcr1）、独立董事比例（Inde，独立董事人数占董事会人数比重）。η_t、δ_i 分别表示时间固定效应和公司固定效应。

表 4-1 变量定义

变量	定义
Size	企业规模，企业总资产的自然对数
Lev	资产负债率，总负债除以总资产
Roa	总资产收益率，净利润除以总资产

(续表)

变量	定义
Growth	收入增长率，营业收入增长率
Turn	资产周转率，销售收入除以总资产
Expenditure	资本支出，购建固定资产、无形资产和其他长期支付的现金除以总资产
Cashflow	净现金流量，现金及现金等价物除以总资产
Cashdividend	是否发放现金股利，发放现金股利取值为1，否则为0
Loss	上年度是否亏损，上年度亏损取值为1，否则为0
Zscore	财务困境 Z 指数
Manage	管理层持股比例
Wshare	国有股比例
Shrcr1	第一大股东持股比例
Inde	独立董事比例，独立董事人数占董事会人数比重

本研究所使用的基础数据来源于 CSMAR 数据库、WIND 数据库、CCER 数据库，产业互联数据来源于国家统计局网站。

二、实证研究结果分析

（一）描述性统计

表 4-2 是对 5 403 个有效公司年度观测值构成的样本进行的描述性统计。在因变量盈余管理方面，DD 模型计算的应计盈余管理程度的均值、中位数分别为 0.1166、0.0465；B-S 模型计算的应计盈余管理程度的均值、中位数分别为 0.0453、0.0317；真实盈余管理程度的均值、中位数分别为 0.1558、0.1026。解释变量中，产业互联程度的均值、中位数分别为 0.1099、0.1188；

"营改增"的均值为 0.5495,表明有 54.95% 的公司年度观测值处于"营改增"改革后。控制变量的描述性统计与研究文献较为接近。

表 4-2 描述性统计

变量名称	变量	均值	标准差	最小值	25%分位数	中位数	75%分位数	最大值
盈余管理								
应计盈余管理(DD 模型)	Acc_EM1	0.1166	0.7280	0.0000	0.0208	0.0465	0.0916	47.9169
应计盈余管理(B-S 模型)	Acc_EM2	0.0453	0.0573	0.0000	0.0150	0.0317	0.0579	2.0548
真实盈余管理	Real_EM	0.1558	0.2197	0.0000	0.0472	0.1026	0.1883	6.0893
解释变量								
产业互联	RELATED	0.1099	0.0317	0.0048	0.1141	0.1188	0.1236	0.1319
"营改增"	B2V	0.5495	0.4976	0.0000	0.0000	1.0000	1.0000	1.0000
控制变量								
企业规模	Size	22.0286	1.2249	18.4747	21.1573	21.8429	22.6967	26.6624
资产负债率	Lev	0.4508	0.2131	0.0573	0.2815	0.4536	0.6204	1.0301
总资产收益率	Roa	0.0404	0.0533	-0.3025	0.0139	0.0350	0.0637	0.2943
收入增长率	Growth	0.1906	0.4255	-0.6364	-0.0046	0.1243	0.2808	3.3051
资产周转率	Turn	0.6701	0.4275	0.0266	0.3840	0.5816	0.8366	2.6429
资本支出	Expenditure	0.0573	0.0510	0.0002	0.0195	0.0443	0.0803	0.2814
净现金流量	Cashflow	0.0381	0.0733	-0.2074	-0.0007	0.0373	0.0801	0.3405
是否发放现金股利	Cashdividend	0.7318	0.4431	0.0000	0.0000	1.0000	1.0000	1.0000
上年度是否亏损	Loss	0.0607	0.2388	0.0000	0.0000	0.0000	0.0000	1.0000
财务困境 Z 指数	Zscore	6.0780	7.8503	-1.0774	1.9754	3.4865	6.5624	53.8823
管理层持股比例	Manage	0.1118	0.1931	0.0000	0.0000	0.0003	0.1388	0.6893
国有股比例	Wshare	0.0405	0.1242	0.0000	0.0000	0.0000	0.0000	0.7270

(续表)

变量名称	变量	均值	标准差	最小值	25%分位数	中位数	75%分位数	最大值
第一大股东持股比例	Shrcr1	36.0522	14.8309	8.9751	24.0876	34.5240	46.6254	75.0000
独立董事比例	Inde	0.3701	0.0542	0.1429	0.3333	0.3333	0.4000	0.5714

(二) 回归结果分析

表 4-3 报告了产业互联影响盈余管理的回归结果。在列（1）中，以 DD 模型计算的应计盈余管理程度的绝对值作为因变量，产业互联程度（RELATED）系数在 1% 水平下显著为负，表明产业互联抑制企业应计盈余管理活动。列（2）、(3) 分别以向上、向下的盈余管理程度作为因变量，产业互联程度（RELATED）系数分别在 10%、1% 水平下显著为负（正），表明产业互联可以抑制向上、向下的盈余管理活动。使用 B-S 模型衡量应计盈余管理程度，如列（4）、(5)、(6) 所示，仍然得到类似的研究发现。将真实盈余管理程度作为因变量，如列（7）所示，产业互联程度（RELATED）系数在 1% 水平下显著为负，表明产业互联也可抑制企业的真实盈余管理活动。

表 4-3 产业互联与盈余管理

	(1)	(2)	(3)	(4)	(5)	(6)	(7)
	应计盈余管理（DD 模型）			应计盈余管理（B-S 模型）			真实盈余管理
	绝对值	残差>0	残差<0	绝对值	残差>0	残差<0	
RELATED	-2.283***	-3.350*	1.810***	-0.162***	-0.198**	0.145***	-0.318***
	(-3.725)	(-1.785)	(4.960)	(-5.277)	(-2.575)	(4.190)	(-2.833)
Size	-0.217	-0.712	-0.010	-0.001	-0.021	-0.004	0.014
	(-0.982)	(-0.985)	(-0.179)	(-0.065)	(-0.769)	(-0.485)	(0.401)
Lev	0.063	-0.043	-0.231	0.029*	-0.033	-0.037**	0.139***
	(0.533)	(-0.130)	(-1.191)	(1.884)	(-1.245)	(-2.154)	(2.582)

（续表）

	(1)	(2)	(3)	(4)	(5)	(6)	(7)
	应计盈余管理（DD模型）			应计盈余管理（B-S模型）			真实盈余管理
	绝对值	残差>0	残差<0	绝对值	残差>0	残差<0	
Roa	−0.272	−1.151	−0.115	−0.208***	0.694***	0.598***	0.330***
	(−1.060)	(−1.079)	(−0.555)	(−4.097)	(6.315)	(14.350)	(2.641)
Growth	0.279	0.664	0.024	0.026***	0.049**	0.005	0.089**
	(1.523)	(1.288)	(0.586)	(2.981)	(2.407)	(1.041)	(2.576)
Turn	−0.415*	−0.829	0.181**	−0.022*	−0.070**	0.017*	0.010
	(−1.710)	(−1.189)	(2.318)	(−1.790)	(−2.525)	(1.936)	(0.211)
Expenditure	−0.544**	−0.773	0.324*	0.002	−0.052	−0.043	−0.120
	(−2.120)	(−1.320)	(1.793)	(0.067)	(−1.056)	(−1.540)	(−1.513)
Cashflow	0.039	0.383	0.487*	0.096***	−0.119***	−0.228***	−0.186***
	(0.201)	(0.929)	(1.670)	(4.646)	(−4.135)	(−7.922)	(−2.864)
Cashdividend	0.015	0.117	0.033	0.000	−0.001	−0.002	−0.012
	(0.536)	(1.255)	(1.090)	(0.007)	(−0.191)	(−0.571)	(−1.183)
Loss	−0.049	−0.213	−0.016	−0.007*	−0.020*	0.004	−0.022*
	(−0.955)	(−0.967)	(−0.905)	(−1.646)	(−1.677)	(1.167)	(−1.750)
Zscore	0.001	−0.002	−0.005**	0.000	−0.001**	−0.000	0.001
	(0.534)	(−0.416)	(−2.358)	(1.029)	(−2.081)	(−0.938)	(1.085)
Manage	−0.154	−0.631	0.045	−0.056**	−0.091**	0.031	−0.108*
	(−1.099)	(−1.096)	(0.157)	(−2.073)	(−2.251)	(1.131)	(−1.692)
Wshare	0.034	−0.233	−0.138	0.005	0.001	−0.012	0.023
	(0.338)	(−0.636)	(−1.128)	(0.583)	(0.038)	(−1.154)	(0.697)
Shrcr1	0.000	−0.006	−0.005	0.000	−0.000	−0.000	0.002*
	(0.079)	(−0.752)	(−0.832)	(1.163)	(−0.612)	(−0.764)	(1.875)
Inde	−0.193	−0.788	−0.171	0.003	−0.034	−0.018	0.026
	(−0.534)	(−0.669)	(−0.648)	(0.130)	(−0.638)	(−0.571)	(0.277)
常数项	29.294***	51.586	−19.076***	1.778***	2.642*	−1.490***	3.073*
	(2.594)	(1.442)	(−4.826)	(3.505)	(1.935)	(−4.035)	(1.673)

第四章 产业互联、"营改增"与盈余管理

（续表）

	(1)	(2)	(3)	(4)	(5)	(6)	(7)
	应计盈余管理（DD 模型）			应计盈余管理（B-S 模型）			真实盈余管理
	绝对值	残差>0	残差<0	绝对值	残差>0	残差<0	
RELATED	-2.271***	-3.247*	1.827***	-0.156***	-0.191**	0.147***	-0.328***
	(-3.748)	(-1.753)	(5.194)	(-5.035)	(-2.441)	(4.096)	(-2.958)
N	5 403	2 444	2 959	5 403	2 685	2 718	5 403
R^2	0.315	0.343	0.506	0.408	0.542	0.667	0.494
Year	控制	控制	控制	控制	控制	控制	控制
Firm	控制	控制	控制	控制	控制	控制	控制

注：括号内为 t 值，***表示 p 值小于 1%，**表示 p 值小于 5%，*表示 p 值小于 10%。

表 4-4 报告了"营改增"对产业互联与盈余管理关系的增量作用。在列（1）中，以 DD 模型计算的应计盈余管理程度的绝对值作为因变量，产业互联程度与"营改增"的交乘项（RELATED×B2V）系数在 1% 水平下显著为负，表明"营改增"强化了产业互联抑制企业应计盈余管理的作用。列（2）、（3）分别以向上、向下的盈余管理程度作为因变量，产业互联程度与"营改增"的交乘项（RELATED×B2V）系数分别在 10%、1% 水平下显著为负（正），表明"营改增"强化产业互联抑制向上、向下盈余管理的作用。使用 B-S 模型衡量应计盈余管理程度，如列（4）、（5）、（6）所示，仍然得到类似的研究发现。将真实盈余管理程度作为因变量，如列（7）所示，产业互联程度与"营改增"的交乘项（RELATED×B2V）系数在 1% 水平下显著为负，表明"营改增"也强化了产业互联抑制企业真实盈余管理活动的治理作用。

表 4-4 产业互联、"营改增"与盈余管理

（续表）

	(1)	(2)	(3)	(4)	(5)	(6)	(7)
	应计盈余管理（DD 模型）			应计盈余管理（B-S 模型）			真实
	绝对值	残差>0	残差<0	绝对值	残差>0	残差<0	盈余管理
RELATED× B2V	-0.131***	-0.182*	0.108**	-0.014***	-0.018**	0.017***	-0.043***
	(-3.454)	(-1.761)	(2.399)	(-4.885)	(-2.761)	(3.880)	(-3.821)
B2V	1.659***	2.341*	-1.359**	0.182***	0.228***	-0.211***	0.540***
	(3.509)	(1.789)	(-2.471)	(5.128)	(2.847)	(-4.047)	(3.922)
Size	-0.218	-0.717	-0.004	-0.001	-0.021	-0.003	0.014
	(-0.986)	(-0.988)	(-0.082)	(-0.074)	(-0.776)	(-0.378)	(0.394)
Lev	0.118	0.035	-0.282	0.036**	-0.026	-0.044**	0.155***
	(0.952)	(0.101)	(-1.414)	(2.298)	(-0.982)	(-2.578)	(2.854)
Roa	-0.196	-1.111	-0.177	-0.199***	0.703***	0.593***	0.352***
	(-0.790)	(-1.062)	(-0.841)	(-3.899)	(6.485)	(14.338)	(2.829)
Growth	0.277	0.659	0.023	0.026***	0.049**	0.005	0.088**
	(1.519)	(1.284)	(0.567)	(2.969)	(2.404)	(1.032)	(2.573)
Turn	-0.415*	-0.829	0.181**	-0.022*	-0.072**	0.016*	0.009
	(-1.713)	(-1.189)	(2.379)	(-1.777)	(-2.561)	(1.884)	(0.204)
Expenditure	-0.469*	-0.679	0.246	0.011	-0.042	-0.048*	-0.098
	(-1.932)	(-1.219)	(1.381)	(0.424)	(-0.869)	(-1.746)	(-1.252)
Cashflow	0.053	0.416	0.478*	0.097***	-0.116***	-0.229***	-0.180***
	(0.271)	(0.993)	(1.657)	(4.711)	(-3.984)	(-8.048)	(-2.793)
Cashdividend	0.013	0.110	0.034	-0.000	-0.001	-0.002	-0.013
	(0.463)	(1.220)	(1.112)	(-0.093)	(-0.247)	(-0.597)	(-1.256)
Loss	-0.045	-0.199	-0.021	-0.006	-0.018	0.004	-0.021*
	(-0.893)	(-0.931)	(-1.155)	(-1.557)	(-1.624)	(1.209)	(-1.661)
Zscore	0.001	-0.002	-0.005**	0.000	-0.001**	-0.000	0.001
	(0.707)	(-0.353)	(-2.450)	(1.189)	(-2.002)	(-1.114)	(1.180)

（续表）

	(1)	(2)	(3)	(4)	(5)	(6)	(7)
	应计盈余管理（DD 模型）			应计盈余管理（B-S 模型）			真实盈余管理
	绝对值	残差>0	残差<0	绝对值	残差>0	残差<0	
Manage	−0.157	−0.605	0.074	−0.057**	−0.095**	0.031	−0.109*
	(−1.128)	(−1.071)	(0.253)	(−2.067)	(−2.331)	(1.139)	(−1.721)
Wshare	0.026	−0.251	−0.139	0.004	0.002	−0.011	0.021
	(0.251)	(−0.673)	(−1.140)	(0.453)	(0.137)	(−1.054)	(0.626)
Shrcr1	−0.000	−0.006	−0.004	0.000	−0.000	−0.000	0.002*
	(−0.074)	(−0.750)	(−0.755)	(0.954)	(−0.702)	(−0.646)	(1.726)
Inde	−0.183	−0.818	−0.183	0.005	−0.036	−0.022	0.028
	(−0.510)	(−0.688)	(−0.694)	(0.184)	(−0.675)	(−0.702)	(0.306)
常数项	29.160***	50.568	−19.349***	1.707***	2.565*	−1.526***	3.177*
	(2.609)	(1.427)	(−5.059)	(3.369)	(1.868)	(−3.988)	(1.747)
N	5 403	2 444	2 959	5 403	2 685	2 718	5 403
R^2	0.317	0.344	0.511	0.412	0.545	0.672	0.496
Year	控制	控制	控制	控制	控制	控制	控制
Firm	控制	控制	控制	控制	控制	控制	控制

注：括号内为 t 值，*** 表示 p 值小于 1%，** 表示 p 值小于 5%，* 表示 p 值小于 10%。

表 4-5 报告了需求价格弹性对产业互联、"营改增"与盈余管理关系的调节作用。当需求价格弹性小时，企业定价能力强、利润率高，企业有动机进行向下的盈余管理来平滑利润。在列（1）—（4）中，使用 DD 模型计算应计盈余管理程度，按需求价格弹性大小划分样本组，回归分析发现，当企业的需求价格弹性小时，在向下盈余管理（残差<0）的样本组中，产业互联程度与"营改增"的交乘项（RELATED×B2V）系数在 1% 水平下显著为正，表明"营改增"强化了产业互联抑制需求价格弹性小的企业进行向下盈余管理的作用。研究表明，需求价格弹性小的企业进行向下盈余管理的程度受到明显抑制。

表 4-5 产业互联、"营改增"、需求价格弹性与盈余管理

	(1)	(2)	(3)	(4)	(5)	(6)	(7)	(8)	(9)	(10)
	应计盈余管理（DD 模型）				应计盈余管理（B-S 模型）				真实盈余管理	
	残差>0		残差<0		残差>0		残差<0			
	弹性小	弹性大	弹性小	弹性大	弹性小	弹性大	弹性小	弹性大	弹性小	弹性大
RELATED	-4.082	-0.454	2.763***	0.202	-0.210**	0.004	0.228***	0.008	-0.389**	-0.051
	(-1.573)	(-1.118)	(4.605)	(0.993)	(-2.078)	(0.073)	(3.000)	(0.184)	(-2.519)	(-0.721)
RELATED×B2V	-0.059	-0.039	0.238***	0.020	-0.017**	0.005	0.024**	0.009	-0.063***	-0.027**
	(-0.501)	(-1.165)	(2.865)	(1.417)	(-2.145)	(0.678)	(2.084)	(1.442)	(-3.306)	(-2.130)
B2V	0.916	0.478	-2.914***	-0.230	0.219**	-0.062	-0.295**	-0.115	0.765***	0.345**
	(0.653)	(1.160)	(-2.990)	(-1.327)	(2.314)	(-0.710)	(-2.148)	(-1.525)	(3.358)	(2.224)
Size	-1.456	-0.048	0.292	-0.010	-0.043	0.010	-0.017	-0.005	-0.016	0.052*
	(-1.011)	(-0.866)	(1.604)	(-0.255)	(-0.999)	(0.607)	(-0.785)	(-0.454)	(-0.193)	(1.934)
Lev	-0.107	-0.012	-1.228	-0.109	-0.010	-0.001	0.008	-0.068***	0.159	0.135**
	(-0.121)	(-0.047)	(-1.640)	(-1.338)	(-0.207)	(-0.026)	(0.160)	(-3.091)	(1.391)	(2.254)
Roa	-0.917	0.164	-0.288	0.201	0.886***	0.410**	0.412	0.646***	1.069***	0.142
	(-0.536)	(0.297)	(-0.241)	(1.327)	(6.184)	(2.489)	(1.571)	(13.216)	(3.014)	(1.250)
Growth	1.080	0.109***	-0.024	0.026	0.064**	0.018**	0.005	0.008*	0.131**	0.018
	(1.132)	(2.740)	(-0.251)	(1.093)	(2.210)	(2.013)	(0.321)	(1.660)	(2.229)	(0.676)

（续表）

	(1)	(2)	(3)	(4)	(5)	(6)	(7)	(8)	(9)	(10)
	应计盈余管理（DD模型）				应计盈余管理（B-S模型）				真实盈余管理	
	残差>0		残差<0		残差>0		残差<0			
	弹性小	弹性大	弹性小	弹性大	弹性小	弹性大	弹性小	弹性大	弹性小	弹性大
Turn	-2.204	-0.028	0.871*	0.011	-0.154**	-0.016	-0.020	0.011	-0.111	0.035
	(-1.083)	(-0.467)	(1.837)	(0.313)	(-2.314)	(-1.194)	(-0.370)	(1.308)	(-0.892)	(1.037)
Expenditure	-0.848	0.012	-0.097	-0.051	-0.084	-0.031	0.011	-0.082**	-0.189	0.048
	(-0.744)	(0.052)	(-0.213)	(-0.303)	(-1.154)	(-0.606)	(0.160)	(-2.379)	(-1.306)	(0.413)
Cashflow	0.514	-0.161	1.358*	-0.071	-0.141***	-0.091**	-0.310***	-0.182***	-0.130	-0.315***
	(0.735)	(-0.772)	(1.773)	(-0.547)	(-3.414)	(-2.544)	(-4.327)	(-6.191)	(-1.010)	(-4.185)
Cashdividend	0.267	0.045	0.129	0.006	-0.003	0.002	-0.006	-0.000	-0.024	-0.000
	(1.035)	(1.256)	(1.008)	(0.446)	(-0.314)	(0.531)	(-0.449)	(-0.081)	(-0.895)	(-0.026)
Loss	-0.577	0.033	-0.031	-0.012	-0.038	-0.010	0.003	0.004	-0.004	-0.015
	(-0.946)	(1.057)	(-0.262)	(-0.976)	(-1.151)	(-1.386)	(0.226)	(1.029)	(-0.094)	(-1.546)
Zscore	-0.009	0.001	-0.010	-0.006*	-0.001*	-0.000	-0.001	-0.000	0.000	-0.000
	(-0.719)	(0.428)	(-1.646)	(-1.674)	(-1.954)	(-0.294)	(-0.881)	(-0.406)	(0.020)	(-0.156)
Manage	-1.605	-0.121	0.877	-0.066	-0.106**	0.003	0.094	0.011	-0.012	-0.074
	(-1.006)	(-0.583)	(1.299)	(-0.554)	(-2.119)	(0.072)	(1.193)	(0.293)	(-0.119)	(-1.105)

（续表）

	(1)	(2)	(3)	(4)	(5)	(6)	(7)	(8)	(9)	(10)
	应计盈余管理（DD模型）				应计盈余管理（B-S模型）				真实盈余管理	
	残差>0		残差<0		残差>0		残差<0			
	弹性小	弹性大	弹性小	弹性大	弹性小	弹性大	弹性小	弹性大	弹性小	弹性大
Wshare	−0.480	−0.025	−0.056	−0.126	0.009	0.005	−0.003	−0.016	0.005	0.051
	(−0.672)	(−0.320)	(−0.145)	(−1.283)	(0.429)	(0.393)	(−0.088)	(−1.311)	(0.092)	(1.066)
Shrcr1	−0.015	0.000	−0.002	−0.000	−0.001	−0.000	0.000	−0.000	0.001	0.000
	(−0.701)	(0.075)	(−0.118)	(−0.146)	(−1.064)	(−0.311)	(0.086)	(−0.288)	(0.319)	(0.368)
Inde	−2.412	−0.106	−0.986	−0.091	−0.055	0.095*	−0.070	−0.018	−0.004	−0.019
	(−0.784)	(−0.270)	(−1.158)	(−0.906)	(−0.712)	(1.855)	(−0.714)	(−0.491)	(−0.023)	(−0.206)
常数项	74.439	6.183	−33.324***	−2.037	3.191*	−0.258	−1.794**	0.008	4.260	−0.510
	(1.283)	(1.293)	(−4.739)	(−0.802)	(1.684)	(−0.464)	(−2.154)	(0.017)	(1.351)	(−0.473)
N	1 396	1 048	1 306	1 653	1 812	873	890	1 828	2 702	2 701
R^2	0.379	0.663	0.600	0.605	0.550	0.778	0.666	0.767	0.583	0.560
Year	控制	控制	控制	控制	控制	控制	控制	控制	控制	控制
Firm	控制	控制	控制	控制	控制	控制	控制	控制	控制	控制

注：括号内为t值，***表示p值小于1%，**表示p值小于5%，*表示p值小于10%。

在列（5）—（8）中，使用 B-S 模型计算应计盈余管理程度，进行回归分析发现：在需求价格弹性小的样本组中，当企业进行向上盈余管理（残差>0）时，产业互联程度与"营改增"的交乘项（RELATED×B2V）系数在5%水平下显著为负；在需求价格弹性小的样本组中，当企业进行向下盈余管理（残差<0）时，产业互联程度与"营改增"的交乘项（RELATED×B2V）系数在5%水平下显著为正。列（5）—（8）的研究结果表明"营改增"强化了产业互联抑制需求价格弹性小的企业进行盈余管理的作用。列（9）、（10）将真实盈余管理程度作为因变量，在需求价格弹性小的样本组中，产业互联程度与"营改增"的交乘项（RELATED×B2V）系数在1%水平下显著为负；在需求价格弹性大的样本组中，产业互联程度与"营改增"的交乘项（RELATED×B2V）系数在5%水平下显著为负。表4-5的研究结果表明，"营改增"强化产业互联抑制盈余管理的治理作用稳定存在于需求价格弹性小的企业中。

（三）稳健性检验

第一，考虑"金税三期"的影响。旨在利用信息技术提升征管效率的"金税三期"工程于2013年在山东省、山西省和重庆市运行，2014年扩展到广东等省运行，2015年扩展到吉林等省运行。虽然"金税三期"工程逐步推行的时点和地区与"营改增"不同，但是，包括增值税在内的各税种的税收征管和信息比对均通过"金税三期"的数据平台实现。为避免"金税三期"具有的信息揭示机制对本研究的研究结果产生影响，我们控制了"金税三期"的影响。运行"金税三期"工程的省份的"金税三期"（Gtax）变量在运行后的年份取值为1，否则为0。表4-6报告了控制"金税三期"的影响后产业互联、"营改增"对盈余管理的抑制作用的回归分析结果。在列（1）中，以 DD 模型计算的应计盈余管理程度的绝对值作为因变量，产业互联程度与"营改增"的交乘项（RELATED×B2V）系数在1%水平下显著为负，表明"营改增"强化了产业互联抑制企业应计盈余管理程度的作用。列（2）、（3）分别以向上、向下的盈余管理程度作为因变量，产业互联程度与"营改增"的交乘项（RELATED×B2V）系数分别在10%、1%水平下显著为负（正），表明"营改增"强化了产业互联抑制向上、向下盈余管理的作用。使用 B-S 模型衡量应计盈余管理程度，如列（4）、（5）、（6）所示，仍然得到类似的研究发现。以真实盈余管理程度作为因变量，如列（7）所示，产业互联程度与"营改增"的交乘项（RELATED×B2V）系数在1%水平下显著为负，表明"营改增"也强化了产业互联抑制企业真实盈余管理活动的治理作用。研究发现仍然稳健成立。

表 4-6 产业互联、"营改增"、"金税三期"与盈余管理

	(1)	(2)	(3)	(4)	(5)	(6)	(7)
	应计盈余管理（DD 模型）			应计盈余管理（B-S 模型）			真实盈余管理
	绝对值	残差>0	残差<0	绝对值	残差>0	残差<0	
RELATED	-2.268^{***}	-3.247^{*}	1.828^{***}	-0.156^{***}	-0.191^{***}	0.147^{***}	-0.326^{***}
	(-3.742)	(-1.746)	(5.191)	(-5.033)	(-2.440)	(4.094)	(-2.965)
RELATED× B2V	-0.131^{***}	-0.182^{*}	0.108^{**}	-0.014^{***}	-0.018^{***}	0.017^{***}	-0.043^{***}
	(-3.449)	(-1.777)	(2.399)	(-4.885)	(-2.760)	(3.878)	(-3.813)
B2V	1.661^{***}	2.339^{*}	-1.360^{**}	0.182^{***}	0.228^{***}	-0.211^{***}	0.541^{***}
	(3.510)	(1.812)	(-2.471)	(5.128)	(2.847)	(-4.045)	(3.917)
Size	-0.218	-0.717	-0.004	-0.001	-0.021	-0.003	0.014
	(-0.987)	(-0.986)	(-0.085)	(-0.074)	(-0.776)	(-0.378)	(0.391)
Lev	0.118	0.035	-0.282	0.036^{**}	-0.026	-0.044^{**}	0.156^{***}
	(0.956)	(0.100)	(-1.414)	(2.298)	(-0.981)	(-2.576)	(2.857)
Roa	-0.195	-1.113	-0.178	-0.199^{***}	0.703^{***}	0.593^{***}	0.352^{***}
	(-0.786)	(-1.048)	(-0.841)	(-3.899)	(6.483)	(14.334)	(2.836)
Growth	0.277	0.659	0.023	0.026^{***}	0.049^{**}	0.005	0.088^{**}
	(1.519)	(1.281)	(0.569)	(2.969)	(2.403)	(1.032)	(2.574)
Turn	-0.416^{*}	-0.829	0.181^{**}	-0.022^{*}	-0.072^{*}	0.016^{*}	0.009
	(-1.717)	(-1.199)	(2.378)	(-1.776)	(-2.561)	(1.878)	(0.192)
Expenditure	-0.470^{*}	-0.679	0.245	0.011	-0.042	-0.048^{*}	-0.099

(续表)

	(1)	(2)	(3)	(4)	(5)	(6)	(7)
	应计盈余管理（DD 模型）			应计盈余管理（B-S 模型）			真实盈余管理
	绝对值	残差>0	残差<0	绝对值	残差>0	残差<0	
	(−1.938)	(−1.214)	(1.375)	(0.425)	(−0.870)	(−1.747)	(−1.260)
Cashflow	0.051	0.417	0.478*	0.097***	−0.116***	−0.229***	−0.181***
	(0.262)	(0.987)	(1.655)	(4.710)	(−3.983)	(−8.041)	(−2.808)
Cashdividend	0.013	0.110	0.034	−0.000	−0.001	−0.002	−0.013
	(0.468)	(1.224)	(1.112)	(−0.093)	(−0.246)	(−0.597)	(−1.244)
Loss	−0.045	−0.199	−0.021	−0.006	−0.018	0.004	−0.021*
	(−0.891)	(−0.925)	(−1.153)	(−1.557)	(−1.621)	(1.209)	(−1.658)
Zscore	0.001	−0.002	−0.005**	0.000	−0.001**	−0.000	0.001
	(0.706)	(−0.357)	(−2.448)	(1.189)	(−2.003)	(−1.112)	(1.178)
Manage	−0.155	−0.604	0.074	−0.057**	−0.095**	0.031	−0.108*
	(−1.114)	(−1.073)	(0.255)	(−2.067)	(−2.330)	(1.138)	(−1.704)
Wshare	0.026	−0.251	−0.139	0.004	0.002	−0.011	0.021
	(0.253)	(−0.667)	(−1.138)	(0.453)	(0.136)	(−1.054)	(0.630)
Shrcr1	−0.000	−0.006	−0.004	0.000	−0.000	−0.000	0.002*
	(−0.068)	(−0.747)	(−0.753)	(0.952)	(−0.701)	(−0.645)	(1.740)
Inde	−0.180	−0.818	−0.182	0.005	−0.036	−0.022	0.030
	(−0.503)	(−0.686)	(−0.690)	(0.183)	(−0.675)	(−0.701)	(0.322)
Gtax	−0.028	0.006	−0.008	0.000	0.001	−0.000	−0.019
	(−1.091)	(0.050)	(−0.330)	(0.046)	(0.084)	(−0.054)	(−0.773)
常数项	29.133***	50.575	−19.355***	1.707***	2.566*	−1.526***	3.159*
	(2.605)	(1.423)	(−5.057)	(3.369)	(1.868)	(−3.987)	(1.746)
N	5 403	2 444	2 959	5 403	2 685	2 718	5 403
R^2	0.317	0.344	0.511	0.412	0.545	0.672	0.496
Year	控制	控制	控制	控制	控制	控制	控制
Firm	控制	控制	控制	控制	控制	控制	控制

注：括号内为 t 值，***表示 p 值小于1%，**表示 p 值小于5%，*表示 p 值小于10%。

增值税改革的会计信息效应：基于"营改增"的研究

第二，进行安慰剂检验。我们把实验组样本"营改增"改革实施的时间前移一年赋值，表4-7的回归结果显示，"营改增"对产业互联抑制盈余管理的强化作用变弱甚至消失。

表4-7 产业互联、"营改增"与盈余管理（安慰剂检验）

	（1）	（2）	（3）	（4）	（5）	（6）	（7）
	应计盈余管理（DD模型）			应计盈余管理（B-S模型）			真实
	绝对值	残差>0	残差<0	绝对值	残差>0	残差<0	盈余管理
RELATED	-2.658***	-4.194	1.988***	-0.181***	-0.248**	0.156***	-0.307**
	(-3.523)	(-1.630)	(4.451)	(-4.719)	(-2.222)	(3.781)	(-2.193)
RELATED× B2V	-0.087**	-0.099	0.093**	-0.005	-0.007	0.008	-0.002
	(-2.270)	(-0.802)	(2.434)	(-1.087)	(-0.745)	(1.332)	(-0.122)
B2V	0.922**	0.939	-1.056**	0.055	0.070	-0.090	0.046
	(2.146)	(0.692)	(-2.430)	(1.051)	(0.643)	(-1.352)	(0.279)
Size	-0.271	-0.954	-0.009	0.010	-0.022	-0.011	0.012
	(-0.966)	(-0.928)	(-0.106)	(0.621)	(-0.593)	(-1.064)	(0.264)
Lev	-0.048	-0.330	-0.312	0.024	-0.032	-0.035	0.099
	(-0.278)	(-0.500)	(-1.244)	(1.124)	(-0.827)	(-1.471)	(1.300)
Roa	-0.459	-1.431	-0.267	-0.227***	0.788***	0.639***	0.311*
	(-1.157)	(-1.105)	(-0.849)	(-3.523)	(5.133)	(12.342)	(1.845)
Growth	0.333	0.875	0.034	0.029***	0.046*	0.011**	0.104**
	(1.489)	(1.220)	(0.550)	(2.766)	(1.695)	(2.074)	(2.412)
Turn	-0.520	-1.278	0.201*	-0.032**	-0.081**	0.019*	-0.014
	(-1.632)	(-1.089)	(1.826)	(-2.059)	(-2.156)	(1.778)	(-0.236)
Expenditure	-0.580**	-0.657	0.508*	-0.004	-0.090*	-0.032	-0.109
	(-1.996)	(-0.941)	(1.900)	(-0.134)	(-1.710)	(-0.937)	(-1.048)
Cashflow	-0.060	0.765	0.958**	0.106***	-0.099**	-0.248***	-0.187**
	(-0.208)	(1.160)	(2.229)	(4.052)	(-2.444)	(-6.593)	(-2.244)
Cashdividend	0.013	0.101	0.028	-0.002	-0.001	0.000	-0.019
	(0.395)	(0.944)	(0.710)	(-0.489)	(-0.193)	(0.053)	(-1.454)

（续表）

	（1）	（2）	（3）	（4）	（5）	（6）	（7）
	应计盈余管理（DD模型）			应计盈余管理（B-S模型）			真实盈余管理
	绝对值	残差>0	残差<0	绝对值	残差>0	残差<0	
Loss	-0.049	-0.283	-0.036	-0.011**	-0.024	-0.000	-0.024
	(-0.812)	(-0.902)	(-1.444)	(-2.103)	(-1.296)	(-0.000)	(-1.560)
Zscore	0.003*	0.002	-0.006**	0.000	-0.001*	-0.000	0.000
	(1.674)	(0.331)	(-2.124)	(1.047)	(-1.929)	(-0.619)	(0.471)
Manage	-0.256	-0.908	0.358	-0.099	-0.194**	0.034	-0.052
	(-0.944)	(-0.759)	(0.689)	(-1.631)	(-2.317)	(0.712)	(-0.537)
Wshare	0.010	-0.653	-0.127	0.001	-0.002	-0.008	0.015
	(0.078)	(-0.925)	(-0.839)	(0.063)	(-0.104)	(-0.599)	(0.370)
Shrcr1	0.000	-0.006	-0.007	0.000	-0.000	-0.000	0.001
	(0.025)	(-0.656)	(-0.624)	(0.596)	(-0.040)	(-0.886)	(1.172)
Inde	-0.036	-1.231	-0.451	-0.016	-0.002	-0.033	0.040
	(-0.083)	(-0.629)	(-0.921)	(-0.424)	(-0.032)	(-0.752)	(0.363)
常数项	34.421**	66.146	-20.757***	1.766***	3.181	-1.432***	3.005
	(2.452)	(1.329)	(-4.198)	(2.698)	(1.646)	(-3.102)	(1.284)
N	4 023	1 829	2 194	4 023	1 965	2 058	4 023
R^2	0.388	0.426	0.584	0.469	0.605	0.720	0.525
Year	控制	控制	控制	控制	控制	控制	控制
Firm	控制	控制	控制	控制	控制	控制	控制

注：括号内为 t 值，***表示 p 值小于1%，**表示 p 值小于5%，*表示 p 值小于10%。

第三，控制外部治理机制对盈余管理的治理作用。大量文献研究发现高质量的外部审计有助于抑制盈余管理（Defond 和 Zhang，2014）。同时，企业所得税的高征管效率发挥着重要的公司治理作用。我们控制了是否聘请国内"十大"会计师事务所（Big10）这一变量。使用 Mertens（2003）的算法，我们计算了企业所得税的地区税收征管效率（TE）。表4-8的回归分析结果显示，前述的研究发现仍然成立。

表4-8 产业互联、"营改增"与盈余管理（控制外部治理机制）

	(1)	(2)	(3)	(4)	(5)	(6)	(7)
	应计盈余管理（DD 模型）			应计盈余管理（B-S 模型）			真实盈余管理
	绝对值	残差>0	残差<0	绝对值	残差>0	残差<0	
RELATED	-2.357***	-3.738	1.872***	-0.154***	-0.218**	0.135***	-0.330***
	(-3.422)	(-1.631)	(4.969)	(-4.466)	(-2.323)	(3.505)	(-2.739)
RELATED× B2V	-0.133***	-0.230	0.107**	-0.014***	-0.021**	0.017***	-0.045***
	(-3.150)	(-1.518)	(2.296)	(-4.692)	(-2.816)	(3.717)	(-3.653)
B2V	1.683***	2.912	-1.350**	0.184***	0.264***	-0.216***	0.554***
	(3.200)	(1.538)	(-2.367)	(4.926)	(2.886)	(-3.887)	(3.732)
Size	-0.259	-0.826	0.015	-0.005	-0.027	0.003	-0.004
	(-1.055)	(-0.991)	(0.272)	(-0.393)	(-0.887)	(0.461)	(-0.096)
Lev	0.165	0.097	-0.312	0.029*	-0.030	-0.033**	0.162***
	(1.280)	(0.227)	(-1.491)	(1.881)	(-1.048)	(-2.082)	(2.884)
Roa	-0.083	-0.983	-0.270	-0.195***	0.694***	0.585***	0.401***
	(-0.337)	(-0.936)	(-1.322)	(-3.639)	(6.040)	(13.368)	(3.121)
Growth	0.289	0.705	0.022	0.027***	0.050**	0.003	0.086**
	(1.489)	(1.241)	(0.529)	(2.924)	(2.302)	(0.652)	(2.374)
Turn	-0.461*	-0.912	0.202**	-0.023*	-0.076***	0.013	-0.006
	(-1.756)	(-1.175)	(2.409)	(-1.765)	(-2.680)	(1.470)	(-0.120)
Expenditure	-0.474*	-0.554	0.266	0.022	-0.034	-0.062**	-0.099
	(-1.752)	(-0.932)	(1.369)	(0.771)	(-0.657)	(-2.156)	(-1.172)
Cashflow	0.006	0.372	0.468	0.092***	-0.115***	-0.213***	-0.187***
	(0.031)	(0.790)	(1.573)	(4.356)	(-3.766)	(-7.143)	(-2.772)
Cashdividend	0.017	0.128	0.040	0.000	0.001	-0.001	-0.014
	(0.519)	(1.151)	(1.212)	(0.083)	(0.159)	(-0.353)	(-1.325)
Loss	-0.048	-0.208	-0.021	-0.005	-0.018	0.003	-0.024*
	(-0.896)	(-0.919)	(-1.115)	(-1.249)	(-1.484)	(0.914)	(-1.900)
Zscore	0.001	-0.002	-0.004**	0.000	-0.001**	-0.000	0.001
	(0.625)	(-0.334)	(-2.196)	(0.821)	(-2.045)	(-0.886)	(1.056)

(续表)

	(1)	(2)	(3)	(4)	(5)	(6)	(7)
	应计盈余管理（DD 模型）			应计盈余管理（B-S 模型）			真实盈余管理
	绝对值	残差>0	残差<0	绝对值	残差>0	残差<0	
Manage	−0.144	−0.506	0.175	−0.059**	−0.091**	0.034	−0.117*
	(−1.132)	(−0.951)	(0.522)	(−2.013)	(−2.128)	(1.170)	(−1.771)
Wshare	0.044	−0.273	−0.140	0.007	0.005	−0.011	0.026
	(0.413)	(−0.623)	(−1.073)	(0.693)	(0.345)	(−0.972)	(0.695)
Shrcr1	−0.001	−0.010	−0.005	0.000	−0.000	−0.000	0.002*
	(−0.175)	(−0.828)	(−0.767)	(0.907)	(−0.850)	(−0.867)	(1.694)
Inde	−0.260	−0.919	−0.064	0.005	−0.065	−0.034	0.041
	(−0.679)	(−0.699)	(−0.342)	(0.180)	(−1.103)	(−1.105)	(0.413)
Big10	0.045	0.150	−0.032	−0.002	0.001	0.004	0.014
	(1.011)	(0.834)	(−0.800)	(−0.477)	(0.207)	(0.800)	(1.171)
TE	−0.201	−1.043	−0.078	0.012	−0.024	−0.010	0.128
	(−0.556)	(−0.534)	(−0.452)	(0.496)	(−0.499)	(−0.474)	(0.750)
常数项	31.202**	59.378	−20.172***	1.762***	3.024*	−1.521***	3.465*
	(2.421)	(1.341)	(−5.021)	(3.040)	(1.858)	(−3.652)	(1.780)
N	5 114	2 292	2 822	5 114	2 526	2 588	5 114
R^2	0.317	0.350	0.504	0.411	0.547	0.668	0.496
Year	控制	控制	控制	控制	控制	控制	控制
Firm	控制	控制	控制	控制	控制	控制	控制

注：括号内为 t 值，***表示 p 值小于1%，**表示 p 值小于5%，*表示 p 值小于10%。

第三节 结论与启示

本研究旨在探究产业互联可否对企业盈余管理产生治理作用。我们考虑了"营改增"、需求价格弹性等因素，对这一命题进行了分析。研究发现，企业间

增值税改革的会计信息效应：基于"营改增"的研究

产业互联程度越高，企业的应计盈余管理和真实盈余管理越受到抑制。"营改增"通过打通增值税抵扣链条提升产业互联程度，增强了产业互联对企业盈余管理的抑制作用。企业的需求价格弹性越小，"营改增"对产业互联抑制盈余管理的强化作用越大。研究结果意味着，产业互联提高了供应链上下游企业收入、成本费用、利润信息的相互依存程度，使企业私有信息变为具有半公共品特征的行业信息，因此具有抑制盈余管理的治理作用。在控制"金税三期"工程、外部审计、地区税收征管效率的潜在影响后，这些研究发现仍然成立。

研究发现带来以下研究启示：第一，产业互联对供应链企业具有公司治理效应。已有的研究文献多关注在供应链企业之间专用性资产投资引发的"敲竹杠"问题，倾向于认为供应链企业为迎合供货商会进行盈余管理，降低会计信息质量（Graham 等，2005）。本研究表明，供应链企业之间的产业互联可使企业私有信息变为具有半公共品特征的行业信息，产生抑制盈余管理的治理作用。这一发现有助于拓展对公司治理机制的理解，也为会计信息监管部门制定提升会计信息质量的相关政策提供了新的监管视角。

第二，研究发现从会计行为视角揭示了增值税对微观企业的影响，有助于全方位评估增值税改革的政策效果，也为深化增值税改革提供了理论支撑和政策参考。增值税理论认为增值税具有税收中性的特征，即增值税税负通过价格转移给消费者，企业不承担增值税税负。因此，增值税不会造成资源配置扭曲和效率损失。但是，也有不少文献认为企业部分承担了增值税负担（例如 De-Cicca 等，2013）。本研究表明，增值税改革作为我国税制改革的核心，对企业产生的影响不局限于税负本身，增值税本身具有的闭环特征可强化产业互联的信息共享和揭示功能，产生公司治理作用。未来的研究需要构建能够解释和理解增值税改革影响企业实体经济行为的理论框架，并通过分析和检验，为进一步深化增值税改革、精准实施增值税政策从而促进企业发展和经济增长提供理论支撑和政策建议。

第五章 "营改增"与企业重组：基于增值税抵扣链条重构的视角

第一节 问题的提出和理论分析

制度变迁会改变企业既定条件下的成本收益，因此，企业会理性地改变行为以作出应对。"营改增"政策实施后，企业将原来自营的中间投入品分离出去，以从上游关联企业购进的方式获得内部交易的价格优势以及增值税进项税额抵扣的减税效应，产业分工与协作会带来税收成本的降低。因此，企业尤其是中间投入品能获得较高增值税进项税额抵扣的企业，可能在"营改增"试点后进行分拆重组。本研究基于专业化分工和产业互联，探究企业是否通过分拆重组重构增值税抵扣链条，应对"营改增"的政策冲击。

促进社会分工是"营改增"影响企业行为的微观机理（陈钊和王旸，2016），因此，"营改增"与社会分工效应受到研究者的关注。范子英和彭飞（2017）研究了"营改增"对专业化分工的影响，提出"营改增"政策的实施打通了制造业与服务业之间的增值税抵扣链条，外购服务型产品能取得增值税进项税额抵扣，降低了产业分工与协作的税收成本从而促进了专业化分工，并且"营改增"行业与上游产业互联越紧密，"营改增"带来的分工促进效应就

增值税改革的会计信息效应：基于"营改增"的研究

越大。梁若冰和叶一帆（2016）的研究结果表明，"营改增"试点地区的试点企业与上下游企业之间的贸易额在改革后均出现显著高于非试点地区的增长，而且"营改增"对于企业间贸易的促进作用在省内企业间十分显著，这证实了试点工作具有明显的分工促进作用。王桂军和曹平（2018）提出，企业改革后，由于重复征税的问题得以解决，部分企业愿意将软件和信息技术研发等业务外包给专门的服务性企业，减少了企业对非主营的软件和信息技术研发等服务性产品自给自足的行为，从而显著地降低了制造业企业以专利为表征的自主创新意愿。

基于"营改增"对专业化分工的促进作用以及作为实现专业化分工策略之一的企业分拆重组，可以推测"营改增"政策的实施可能导致更多的企业分拆重组行为，促使企业将原先自营的上游辅助性业务剥离出去，以保证本企业专注于核心业务，并从重组后新增的关联企业处购进所需的中间投入品或生产性服务，从而得到相应的增值税进项税额抵扣。

举例来说，如图5-1所示，制造业企业定期购进原材料需要物流辅助支持。然而，在"营改增"之前，工厂A属于制造业，属于增值税纳税范畴，它生产销售产品需按销售价格成比例缴纳增值税；物流辅助业务则属于营业税纳税范畴，如果与其他物流公司签订合同由它们负担原材料的运送成本，那么物流公司的报价中就会既包含提供物流服务的价格，也包含作为价内税的营业税额。工厂A负担了销售商品的增值税，又无法从上游物流服务中得到增值税的抵扣项目，就产生了重复征税的问题。因此在改革以前，以工厂A为例的大量制造业企业倾向于自营生产性服务，由自身提供物流辅助等业务，从而减少重复缴税。2012—2013年，各地区交通运输业和部分现代服务业逐步展开"营改增"试点，改革后物流辅助业务由缴纳营业税改为缴纳增值税，也就是说，此时工厂A外购物流辅助业务能够获得增值税进项税额抵扣，那么工厂A就可以将原先自营的物流辅助业务剥离出去。一方面，工厂A接受物流服务获得的进项税额抵扣可以减少税负，节约现金流；另一方面，工厂A

得以将更多的资源投入主营的制造业业务，无须再分配资源给这类非主营业务。例如，据报道，为重构增值税抵扣链条、降低税负水平，仅2012年上半年，作为首个试点地区的上海就有上海电气、上海汽车、上海华谊等25家大型制造业企业集团和部分现代服务业企业集团把分散在企业内部的各项辅助业务剥离出去，分立工程公司、信息公司和物流公司。

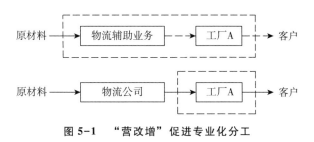

图5-1 "营改增"促进专业化分工

陈钊和王旸（2016）提出了"营改增"促进专业化分工的两种可能性：一是企业经营范围变化，制造业企业原来自己提供生产性服务，在"营改增"后开始对外经营该业务（路径一）。此时，图5-1中的物流公司可能是工厂A通过重组形成的关联企业。第二种情况是制造业企业更多以外包的方式将非主营业务剥离出去，从而集中资源发展主营业务（路径二）。此时的物流公司与工厂A无关，仅作为服务协议的一方。陈钊和王旸（2016）的研究结论显示，以上两种"营改增"促进专业化分工的路径同时存在：部分制造业企业在改革实施后由原来对内提供生产性服务变为对外经营该业务，企业的营业收入也相应增加（即路径一存在）；并且，部分服务业企业的营业收入在改革后明显增加，说明这些企业获得了来自制造业企业更多的业务外包（即路径二存在）。同时，范子英和彭飞（2017）以企业纵向一体化程度作为企业专业化分工的逆向指标，发现在产业互联程度高的企业中，"营改增"能显著推动企业专业化分工发展。此外，其研究的稳健性检验显示，"营改增"后企业的主营业务收入占营业收入的比重显著提高，也就是说，改革后，企业分离辅助业务，集中精力发展主营业务，这也是对陈钊和王旸（2016）研究中路径一的佐证。

增值税改革的会计信息效应：基于"营改增"的研究

陈钊和王旸（2016）以及范子英和彭飞（2017）的研究已经对"营改增"的分工效应进行了充分论证，本研究建立在这两篇文章的研究结论之上，从"营改增"影响企业专业化分工的路径一出发展开研究，也就是说，"营改增"后，企业可能进行分拆重组，经过分拆的企业对外经营原来对内提供的生产性服务。但是，由于路径二的存在，"营改增"促进企业分拆的结果也可能被弱化。综上，本研究以关联企业（子公司、孙公司、联营企业、合营企业）数量的增加反映分拆重组事件的发生，并提出假设1。

假设1："营改增"后，企业分拆形成的关联企业数量显著增加。

范子英和彭飞（2017）认为，"营改增"给企业带来的减税效应和分工效应程度关键取决于通过上游企业获得的进项税额抵扣能力。如果试点企业的中间投入产品或服务属于增值税纳税范畴，那么企业从上游企业购入中间投入品能够获得增值税进项税额抵扣，上游企业的增值税税率越高，企业所得到的进项税额抵扣越多，企业税负就能更为有效地转嫁给下游生产者或消费者；反之，如果上游企业为营业税纳税企业，则企业税负无法有效转嫁。因此，企业获得的增值税进项税额抵扣越多，产业分工与协作的税收成本越低，"营改增"打通增值税抵扣链条后，能够获得更多进项税额抵扣的企业更倾向于进行专业化分工。范子英和彭飞（2017）以企业的产业互联程度作为度量，反映企业中间投入与其对应行业的增值税税率的加权水平。企业所处行业的产业互联程度越高，表明该企业购进中间投入品所获得的加权进项税率越高。

在本研究的影响链条中，实验组企业进行分拆的一部分原因在于改革后外购上游产品与服务可以获得进项税额抵扣，使得企业可以将税负转嫁给下游厂商或消费者。企业的中间投入产品或服务属于增值税纳税范畴的比例越高，或者上游缴纳增值税企业对应的增值税税率越高，那么企业能从中获得的进项税额抵扣就越多，企业进行专业化分工的成本就越低，"营改增"后企业进行分拆重组的意愿也就越强。由此提出假设2，即所处行业产业互联程度越高，企业在"营改增"后进行分拆的可能性越大。

假设 2：所处行业产业互联程度越高，"营改增"促进企业分拆重组的作用越强。

考虑到企业关联方数量的增加可能受其他未观测到的因素影响，如果能够验证改革后关联企业数量增加使得企业流转税税负水平的确有所下降，则能为我们的理论逻辑提供佐证，即企业关联方的增加是为降低税负进行的重组决策。同样，产业互联程度高的企业通过这一途径对自身流转税额的降低作用应该更强，因为这些企业能从上游获得的增值税进项税额抵扣更多。由此，我们提出假设 3。

假设 3："营改增"后，企业通过分拆重组降低了流转税税负，而且产业互联程度高的企业通过分拆重组降低的流转税额更多。

第二节 实证研究

一、模型设计与变量定义

我国"营改增"改革分地区、分行业逐步推进，因此，我们以 2010—2015 年 A 股上市公司为研究对象，研究 2012—2013 年"营改增"对企业分拆重组事件的影响。

"营改增"分地区、分行业逐步推进的改革模式为 DID 模型提供了良好的政策冲击。可以将"营改增"看作一种"准自然实验"，且作为样本的上市公司受非政策因素影响不大，满足 DID 模型的外生性要求。此外，公司在短时间内发生迁徙的可能性较小，存在内生性反应的可能性也相应较小。因此，DID 模型适用于我们的研究。由于"营改增"试点并非一次执行的政策，而是在不同省市、行业的多个时间点逐步推行，因此"营改增"适用于控制公司固定效应的多时点 DID 模型。

因此，我们针对假设 1 构建多时点 DID 模型如下：

增值税改革的会计信息效应：基于"营改增"的研究

$$LTOTAL_{i,j,k,t} = \beta_0 + \beta_1 TREAT\_POST_{j,k,t} + \sum \beta CONTROLS_{i,j,k,t} +$$
$$\tau_t + \kappa_k + \varepsilon_{i,j,k,t} \tag{1}$$

其中，i 表示企业，j 表示地区，k 表示行业，t 表示年份。

LTOTAL 是因变量，衡量企业重组。以企业关联方数量的增加反映企业重组事件的发生，关联方数量取企业子公司、孙公司、联营企业、合营企业四种关联企业合计数的自然对数。基于陈钊和王旸（2016）的理论研究，"营改增"后企业经营范围发生变化，且增加的经营范围中包含"营改增"试点行业。也就是说，制造业企业原来只对内提供生产性服务，在改革后开始对外经营该业务。重组会增加相关行业的关联企业，由关联企业运营这部分辅助性业务也是这一专业化分工方式的表现形式之一。

本研究以交通运输业、部分现代服务业、制造业企业为实验组企业，主要是基于以下考虑：第一，交通运输业和部分现代服务业的改革集中在2012—2013 年完成。根据财税〔2011〕111 号、〔2012〕71 号、〔2013〕37 号文件，上海市于2012 年1 月1 日起开展交通运输业和部分现代服务业营业税改征增值税试点，随后试点范围扩大至北京等8 个省市，北京市、江苏省、安徽省、福建省、广东省、天津市、浙江省、湖北省均在2012 年内分批完成新旧税制转换，2013 年8 月1 日起交通运输业和部分现代服务业营业税改征增值税试点全面拓展到全国其他省市。第二，尽管改革对象是原先缴纳营业税的企业，但从产业链的角度而言，增值税纳税企业也会受"营改增"政策的影响，部分外购服务在改革后可以获取进项税额抵扣，增值税纳税企业也可能得益于改革效应而剥离出原本自用的生产性服务进而发生分拆重组事件（如前述示例中的制造业工厂A）。因此，我们借鉴陈钊和王旸（2016）的做法，将改革后主营业务属于增值税纳税范畴的企业也纳入实验组，只要这些企业的上游企业实现了"营改增"，这些增值税纳税企业便能从中获利。基于上述考虑，我们将实验组定义为改革后缴纳增值税的企业，包含参与2012—2013 年试点由营业税改缴增值税的企业，也包含原本就缴纳增值税的企业。未参与2012—

2013年试点的营业税纳税企业则作为对照组,因为这些企业本身仍需缴纳营业税,即使上游企业改缴增值税也无法因增值税进项税额抵扣获益。由于"营改增"试点时间不一致,TREAT_POST 相当于标准 DID 模型中的交互项,在实验组企业"营改增"试点实施后取值为 1,其他年份取值为 0,对照组取值始终为 0。考虑到政策实施的滞后效应,试点当年实验组企业 TREAT_POST 变量赋值为 0。如果"营改增"确实推动了企业分拆重组事件的发生,改革后企业的关联企业数量应显著增加,"营改增"政策的效应系数即 TREAT_POST 项系数应该显著大于 0。

CONTROLS 是一组控制变量。由于企业规模扩大后其内部生产要素及资源需要进行新的配置与组合,可能导致企业重组行为的发生,因此借鉴 Feldman(2016)的研究,引入企业规模的控制变量利润总额(PROFIT)与资产总额(ASSET),以自然对数的形式衡量;考虑到企业重组的决策取决于企业未来战略、成长能力等因素,企业重组的目的在于提高长期盈利水平,当前盈利状况、成长性等因素也会对重组行为产生影响,因此借鉴 Frank 和 Harden(2001)的研究,引入反映企业发展能力的资产总额增长率(GASSET),以及反映企业盈利能力的营业净利率(PROFITR)、总资产净利率(ROA)与托宾 Q 值(TQ);Chen 和 Guo(2005)的研究指出低资本性支出的企业更倾向于通过分拆实现重组,因此本研究引入资本性支出(CAPEXP);此外,企业倾向于通过资产剥离放松融资约束,因此高杠杆率的企业更可能进行分拆重组,故本研究引入企业杠杆指标(LEV)。

我们借鉴范子英和彭飞(2017)对产业互联的度量方式,以行业层面的加权增值税率作为对产业互联的度量,反映从上游行业得到增值税进项税额抵扣的能力。具体测算过程借助中国投入产出表中 42 个产业部门的直接消耗系数矩阵,投入产出表来自国家统计局国民经济核算司。按 2012 年证监会行业分类标准将矩阵中的产业部门匹配至相应行业分类,结合财税〔2016〕36 号文件,确定各行业 2010—2015 年各年份对应的增值税税率,通过公式(2)计算行业层面的加权增值税税率,并按 2012 年证监会行业分类匹配至各企业。

$$INDEX_{j,k,t} = \sum VAR\_RATE_{m,k,t} \times DIRECT\_CONS \quad (2)$$

其中,j 表示地区,k、m 表示行业,t 表示年份。VAR_RATE 为上游行业 t 年的增值税税率,若当年属于缴纳营业税范畴则定义为 0。DIRECT_CONS 为对上游行业的直接消耗系数。测算出的 INDEX 即为产业互联指数。

为检验"营改增"对企业分拆重组的促进作用是否受产业互联程度的影响,我们引入产业互联作为 TREAT_POST 的交互项探究产业互联在这一影响机制中的作用。构建模型(3)如下:

$$LTOTAL_{i,j,k,t} = \beta_0 + \beta_1 TREAT\_POST_{j,k,t} \times INDEX_{j,k,t} + \beta_2 TREAT\_POST_{j,k,t} +$$
$$\beta_3 INDEX_{j,k,t} + \sum \beta CONTROLS_{i,j,k,t} + \tau_t + \kappa_k + \varepsilon_{i,j,k,t} \quad (3)$$

如果"营改增"后企业关联方数量增加确为"营改增"后企业因专业化分工成本下降而进行了更多分拆重组的结果,那么对于产业互联程度高的企业,这类企业由于从上游行业获得的综合进项税税率更高,税负转嫁能力更强,产业分工与协作的税收成本相对更低,因此通过企业分拆实现分工与减税的意愿也就更强。也就是说,TREAT_POST 与 INDEX 的交互项系数应该为正。

为检验假说 3,我们构建模型(4)如下:

$$TAX_{i,j,k,t+1} = \beta_0 + \beta_1 LTOTAL_{i,j,k,t} \times TREAT\_POST_{j,k,t} + LTOTAL_{i,j,k,t} +$$
$$TREAT\_POST_{j,k,t} + \sum \beta CONTROLS_{i,j,k,t} + \tau_t + \kappa_k + \varepsilon_{i,j,k,t} \quad (4)$$

TAX 为企业流转税税负,考虑到企业决策效果的滞后性,采用 $t+1$ 期指标。由于企业公开披露的财务报表中没有显示实缴增值税税额,因此现有文献大多采用其他由财报数据可知的税额(如城建税、教育费及教育费附加等)进行倒推。我们借鉴其他文献的做法,分别用两种不同可知税额倒推流转税税额,增加检验结果的可信度。第一,参考王新红和云佳(2014)的研究,用城建税倒推流转税税额:假设所有企业城建税税率都是 7%,将企业城建税税额除以 7% 再减去消费税税额后的金额作为企业实缴增值税和营业税总额。第二,借鉴陈钊和王旸(2016)的研究用教育费附加倒推流转税税额,并用当年营业收入进行标准化得到 TAX_1；将企业教育费附加除以 3% 再减去消费税税额后的金额作为企业实缴增值税和营业税总额，并用当年营业收入进行标准化得到 TAX_2。

我们构建 LTOTAL 与 TREAT_POST 交乘项反映"营改增"后企业增加关联方数量的经济后果。如果"营改增"后，企业通过增加关联方数量而使流转税税额降低，则表明前文研究中，企业通过增加关联方数量在"营改增"后实现税负降低，即关联方数量的增加是企业顺应改革方向进行分拆重组的结果，从而从结果层面排除了其他内生因素的影响。因此，模型（4）中的 β_1 为我们经济后果分析结果的关注对象。

借鉴刘骏和刘峰（2014）的做法，我们控制如下影响企业流转税税负的因素：①企业规模，由企业资产总计的对数表示；②企业年龄，为样本年份减去企业注册年份；③固定资产比率，为固定资产与总资产比率；④盈利能力，为企业净利润与总资产比率；⑤存货密集度，由存货与总资产比率表示。

二、数据来源与描述性统计

初始研究样本为 2010—2015 年 A 股上市公司数据，其中，企业经营范围数据来自 WIND 数据库，企业子公司、孙公司、联营企业、合营企业数量来自中国研究数据服务平台（CNRDS）参控股公司列表，其他数据来自 CSMAR 数据库和 WIND 数据库。

数据经过如下筛选处理：第一，剔除数据存在缺失的样本；第二，剔除 ST 和 *ST 公司样本；第三，剔除金融业的上市公司；第四，对连续变量进行 1% 与 99% 的 winsorize 处理，以消除异常值对估计结果的影响。最终样本包含 2010—2015 年 A 股上市公司中 11 706 个公司的年度观测值。

表 5-1 给出了变量的描述性统计结果。其中，被解释变量关联企业数（LTOTAL），以及控制变量资产总额（ASSET）、利润总额（PROFIT）和资本

性支出（CAPEXP）均以对数形式计量。资产总额增长率（GASSET）均值为 26.0%，营业净利率（PROFITR）均值为 10.8%，总资产净利率（ROA）均值为 5.6%，杠杆水平（LEV）均值为 0.420。

表 5-1 变量的描述性统计结果

变量	样本量	均值	中位数	标准差	极大值	极小值
LTOTAL	11 706	2.499	2.485	0.906	4.787	0.693
TREAT_POST	11 706	0.412	0	0.492	1.000	0
ASSET	11 706	21.980	21.800	1.258	25.880	19.690
PROFIT	11 706	18.840	18.760	1.494	22.980	15.160
GASSET	11 706	0.260	0.125	0.455	2.751	-0.190
ROA	11 706	0.056	0.046	0.045	0.224	0.001
PROFITR	11 706	0.108	0.080	0.103	0.551	0.001
TQ	11 706	2.106	1.640	1.354	8.738	0.924
CAPEXP	11 706	18.560	18.600	1.756	23.230	13.400
LEV	11 706	0.420	0.415	0.214	0.871	0.043
INDEX	9 889	0.088	0.112	0.041	0.129	0.005
TAX_1	11 558	0.037	0.032	0.026	0.123	0
TAX_2	11 268	0.056	0.048	0.040	0.204	0.001

三、实证结果与分析

（一）回归结果分析

"营改增"打通了增值税抵扣链条，使得原始自营生产性服务或自产自用中间投入品的企业得以从外购相关产品或服务中得到进项税额抵扣，一方面可以降低企业税负，另一方面可以提升企业控制中间投入品成本的能力。因此，"营改增"促进了企业的分拆重组。表 5-2 列（1）—(3) 报告了"营改增"

政策的实施对企业关联方数量的影响，总数量为企业子公司、孙公司、联营企业、合营企业四类关联企业数量的合计数。其中，列（2）控制了行业效应，列（3）同时控制了年度效应与行业效应。回归结果显示在控制固定效应前后，"营改增"变量TREAT_POST系数均在1%的水平上显著为正，说明改革后企业的关联方数量显著增加，即"营改增"推动了企业分拆重组事件的发生。控制变量中，资产总额（ASSET）、利润总额（PROFIT）、托宾Q值（TQ）及资本性支出（CAPEXP）对关联企业数量的影响显著为正，符合以往研究文献中规模大、投资支出多的企业会更多地进行分拆重组的结论（例如Feldman，2016；Frank和Harden，2001）。

加入产业互联作为交互项后，对模型（3）回归的结果如列（4）所示，产业互联（INDEX）与"营改增"变量（TREAT_POST）的交互项系数在1%的水平上显著为正，表明企业的产业互联程度对其在试点后进行分拆重组的行为起到促进作用，企业所处的行业产业互联程度越高，试点企业在"营改增"后进行分拆的可能性越大，假设2得到支持。同时，上述结论也支撑了"营改增"对企业分拆的影响逻辑，即"营改增"后试点企业将原先自营的中间投入产品或服务转移至分拆形成的关联企业，以从关联企业购进的方式获得增值税进项税额抵扣，而这些中间投入品的加权增值税税率越高，也就是企业的产业互联程度越高，企业为转移税负而进行分拆的可能性就越大，因此"营改增"与产业互联的交互项会对企业关联方数量有显著的正向影响。

（二）稳健性检验

第一，加入省份固定效应。考虑到不同省份经济水平、地方政策等有所差异，尽管前文研究已经控制了公司固定效应，企业重组行为及企业关联方数量依然可能因企业所属地区不同而有差异。为控制未观测到的地区层级因素对企业分拆重组的影响，我们在前文研究的基础上加入省份虚拟变量进行稳健性检验，结果如表5-2列（5）、（6）所示。"营改增"后企业均表现出分拆重组情况，并且产业互联程度高的企业更多地进行重组以获得增值税抵扣从而降低税负。

表5-2 "营改增"对企业分拆重组的影响

变量	不加入省份固定效应				加入省份固定效应	
	(1)	(2)	(3)	(4)	(5)	(6)
		主回归		产业互联	主回归	产业互联
TREAT_POST	0.029***	0.029***	0.040***	0.041**	0.038**	0.038**
	(2.86)	(2.86)	(2.66)	(2.42)	(2.37)	(2.08)
ASSET	0.547***	0.547***	0.529***	0.526***	0.540***	0.537***
	(21.58)	(21.58)	(16.44)	(15.07)	(16.50)	(14.95)
PROFIT	-0.000	-0.000	0.001	0.001	-0.002	-0.002
	(-0.05)	(-0.05)	(0.08)	(0.13)	(-0.26)	(-0.18)
GASSET	-0.134***	-0.134***	-0.132***	-0.134***	-0.133***	-0.136***
	(-11.97)	(-11.97)	(-10.91)	(-10.11)	(-10.65)	(-9.83)
ROA	0.123	0.123	0.185	0.287	0.225	0.344
	(0.39)	(0.39)	(0.59)	(0.78)	(0.69)	(0.89)
PROFITR	-0.355***	-0.355***	-0.372***	-0.398***	-0.394***	-0.430***
	(-3.05)	(-3.05)	(-3.19)	(-3.11)	(-3.14)	(-3.07)
TQ	0.052***	0.052***	0.047***	0.051***	0.049***	0.053***
	(9.97)	(9.97)	(7.56)	(7.03)	(7.64)	(7.07)
CAPEXP	0.004	0.004	0.004	0.006	0.003	0.005
	(0.62)	(0.62)	(0.76)	(0.90)	(0.56)	(0.69)
LEV	0.454***	0.454***	0.479***	0.500***	0.463***	0.487***
	(6.10)	(6.10)	(6.25)	(5.94)	(6.14)	(5.79)
INDEX×TREAT_POST				1.129***		1.058***
				(3.75)		(3.31)
INDEX				0.880		0.772
				(0.38)		(0.30)

（续表）

变量	不加入省份固定效应				加入省份固定效应	
	(1)	(2)	(3)	(4)	(5)	(6)
	主回归			产业互联	主回归	产业互联
常数项	−9.838***	−9.838***	−9.485***	−9.467***	−9.651***	−9.643***
	(−19.83)	(−19.83)	(−15.32)	(−14.17)	(−15.19)	(−13.93)
个体效应	控制	控制	控制	控制	控制	控制
年度效应	未控制	未控制	未控制	未控制	未控制	未控制
行业效应	未控制	控制	控制	控制	控制	控制
省份效应	未控制	未控制	未控制	未控制	控制	控制
样本量	11 706	11 706	11 706	9 889	11 096	9 284
调整的 R^2	0.908	0.908	0.908	0.907	0.907	0.906

注：括号内为 t 值，***、**和*分别表示在1%、5%和10%的显著性水平下通过显著性检验。

第二，安慰剂检验。尽管主回归结果显示企业在"营改增"之后关联方数量显著增加，但这可能是受到地区、行业、年份等其他不可观测因素的影响，而非"营改增"改革的效应。对此，我们借鉴陈钊和王旸（2016）的研究，选取样本期间内尚未划入"营改增"范围的房地产业和建筑业企业作为样本进行安慰剂检验，考察2012年改革后，房地产业和建筑业企业是否明显增加了关联方数量。安慰剂检验的模型为加入公司固定效应的标准DID模型，TREAT_p 分别在上市公司行业分类为房地产业或建筑业时取1，对照组与主回归相同，为改革前后始终缴纳营业税的企业；TIME 在2012年后取1，此前取0。因为控制了公司固定效应，为避免共线性去除了 TREAT_p 单变量。安慰剂检验的结果如表5-3所示，列（1）—（3）实验组为房地产业企业，列（4）—（6）实验组为建筑业企业。结果显示，TREAT_p 与 TIME 交互项的系数并不显著，也就是说，促进企业分拆的效应仅存在于受"营改增"影响的行业，证实了基准回归中企业关联方数量增加是由于"营改增"改革，而非更为一般的企业行为。

表 5-3　安慰剂检验

	房地产业			建筑业		
	(1)	(2)	(3)	(4)	(5)	(6)
TREAT_p×TIME	-0.063	-0.063	-0.064	0.083	0.083	0.083
	(-1.28)	(-1.28)	(-1.31)	(1.58)	(1.58)	(1.56)
TIME	-0.026	-0.026	-0.054	-0.080**	-0.080**	-0.109
	(-0.71)	(-0.71)	(-0.76)	(-2.46)	(-2.46)	(-1.50)
ASSET	0.569***	0.569***	0.595***	0.565***	0.565***	0.592***
	(10.87)	(10.87)	(8.91)	(10.98)	(10.98)	(9.00)
PROFIT	-0.006	-0.006	-0.013	-0.004	-0.004	-0.011
	(-0.20)	(-0.20)	(-0.41)	(-0.13)	(-0.13)	(-0.34)
GASSET	-0.129***	-0.129***	-0.138***	-0.126***	-0.126***	-0.135***
	(-3.46)	(-3.46)	(-3.66)	(-3.35)	(-3.35)	(-3.54)
ROA	-0.075	-0.075	-0.019	-0.108	-0.108	-0.060
	(-0.08)	(-0.08)	(-0.02)	(-0.11)	(-0.11)	(-0.06)
PROFITR	0.066	0.066	0.058	0.067	0.067	0.060
	(0.31)	(0.31)	(0.27)	(0.32)	(0.32)	(0.29)
TQ	0.047***	0.047***	0.046**	0.052***	0.052***	0.051**
	(3.02)	(3.02)	(2.35)	(3.28)	(3.28)	(2.57)
CAPEXP	0.021*	0.021*	0.019*	0.021**	0.021**	0.019*
	(1.96)	(1.96)	(1.70)	(2.03)	(2.03)	(1.76)
LEV	0.189	0.189	0.168	0.182	0.182	0.159
	(0.95)	(0.95)	(0.80)	(0.94)	(0.94)	(0.78)
常数项	-10.381***	-10.381***	-10.765***	-10.359***	-10.359***	-10.756***
	(-11.80)	(-11.80)	(-9.23)	(-11.92)	(-11.92)	(-9.33)
个体效应	控制	控制	控制	控制	控制	控制
年度效应	未控制	未控制	控制	未控制	未控制	控制
行业效应	未控制	控制	控制	未控制	控制	控制
样本量	1 229	1 229	1 229	1 229	1 229	1 229
调整的 R^2	0.916	0.916	0.916	0.916	0.916	0.916

注：括号内为 t 值，***、**和*分别表示在1%、5%和10%的显著性水平下通过显著性检验。

第三,自助抽样法。我们采用 Bootstrap 方法(自助法)对原始样本进行自助抽样回归以检验基准回归结果的稳健性,结果如表 5-4 列(1)、(2)所示:"营改增"变量(TREAT_POST)系数均在 1% 的水平上显著为正,且产业互联(INDEX)与"营改增"变量(TREAT_POST)的交互项系数也在 1% 的水平上显著为正,证实了基准回归结果的稳健性。

第四,使用倾向得分匹配(PSM)后的样本进行回归分析。尽管本研究满足 DID 模型的适用条件,但政策试点中选取地区和行业的深层原因难以探究,试点企业的选取可能并非完全随机,经济环境较好的地区更有可能被优先选为试点地区,"营改增"对企业分拆重组的影响仍受到一定内生性因素的干扰。我们采用 PSM-DID 的方法弱化内生性问题。我们在基准回归研究样本的基础上,使用 PSM 法对实验组和控制组进行匹配。首先,我们以资产总额的自然对数(ASSET)、利润总额的自然对数(PROFIT)、总资产增长率(GASSET)、总资产净利率(ROA)、营业净利率(PROFITR)、托宾 Q 值(TQ)、资本性支出(CAPEXP)、杠杆水平(LEV)等反映企业特征的控制变量对实验组和控制组进行 Logit 回归。然后,我们以预测值为得分,使用核匹配,删除未匹配上的观测值后,用新样本进行实证检验,结果如表 5-4 列(3)、(4)所示,"营改增"对企业的关联企业数量有显著的正向影响,产业互联程度越高的企业影响效应越强,支持了前文的研究结论。

第五,控制企业所得税税负的影响。企业重组是企业进行税收筹划的重要手段之一,基准回归中重组事件的增加可能是企业为调整企业所得税税负进行税收筹划的结果,而非"营改增"的影响。为排除企业为降低企业所得税水平而进行重组最终导致关联方数量增加的可能性,我们在基准回归的控制变量中加入了企业所得税的实际税率,以控制所得税税负对企业分拆重组的影响。为提高结果的稳健性,我们分别采用两种方式度量企业所得税的实际税率:所得税费用除以经营活动净现金流(CT_1),以及所得税费用除以息税前利润(CT_2)。表 5-4 列(5)—(8)展示了加入所得税实际税率这一控制变量后的回归结果:"营改增"后实验组企业关联方数量依然显著增加,产业互联与"营改增"交互项的系数依然显著为正,而企业所得税实际税率对企业关联方数量并无显著影响。并且,在改变对企业所得税税率的衡量方式后结果依然稳健,排除了政策期间企业为降低所得税税负而进行分拆重组的可能性。

表 5-4 使用 PSM 法进行稳健性检验

变量	自助抽样法		PSM-DID		控制企业所得税税负			
	(1)	(2)	(3)	(4)	(5)	(6)	(7)	(8)
	主回归	产业互联	主回归	产业互联	主回归	产业互联	主回归	产业互联
TREAT_POST	0.040***	0.041***	0.039***	0.040**	0.033*	0.037*	0.040***	0.041**
	(3.61)	(2.95)	(2.60)	(2.35)	(1.86)	(1.82)	(2.58)	(2.39)
ASSET	0.529***	0.526***	0.528***	0.525***	0.521***	0.511***	0.534***	0.526***
	(19.84)	(21.89)	(16.40)	(15.05)	(10.64)	(9.59)	(14.97)	(13.63)
PROFIT	0.001	0.001	0.001	0.002	0.015	0.015	0.008	0.010
	(0.09)	(0.21)	(0.11)	(0.15)	(1.07)	(0.92)	(0.76)	(0.86)
GASSET	-0.132***	-0.134***	-0.132***	-0.135***	-0.126***	-0.131***	-0.134***	-0.137***
	(-9.96)	(-10.95)	(-10.90)	(-10.13)	(-7.45)	(-6.95)	(-10.80)	(-10.01)
ROA	0.185	0.287	0.183	0.290	0.137	0.440	0.138	0.190
	(0.62)	(0.98)	(0.58)	(0.78)	(0.30)	(0.80)	(0.41)	(0.48)
PROFITR	-0.372***	-0.398***	-0.368***	-0.396***	-0.533***	-0.660***	-0.438***	-0.470***
	(-3.27)	(-3.52)	(-3.14)	(-3.07)	(-2.64)	(-2.82)	(-3.48)	(-3.40)
TQ	0.047***	0.051***	0.047***	0.050***	0.045***	0.048***	0.045***	0.049***
	(8.01)	(7.94)	(7.56)	(7.02)	(5.30)	(4.64)	(6.76)	(6.31)
CAPEXP	0.004	0.006	0.004	0.006	-0.000	0.001	0.005	0.007
	(0.74)	(1.18)	(0.74)	(0.88)	(-0.03)	(0.08)	(0.74)	(1.00)
LEV	0.479***	0.500***	0.484***	0.504***	0.438***	0.460***	0.482***	0.499***
	(9.84)	(7.66)	(6.29)	(5.98)	(4.48)	(4.15)	(6.04)	(5.69)
CT_1					0.046	0.047		
					(1.39)	(1.25)		

（续表）

变量	自助抽样法		PSM-DID		控制企业所得税税负			
	(1)	(2)	(3)	(4)	(5)	(6)	(7)	(8)
	主回归	产业互联	主回归	产业互联	主回归	产业互联	主回归	产业互联
CT_2							−0.101	−0.128
							(−1.31)	(−1.55)
INDEX×TREAT_POST		1.129***		1.128***		0.842**		1.167***
		(5.00)		(3.74)		(2.15)		(3.73)
INDEX		0.880		0.769		−0.978		0.387
		(0.52)		(0.33)		(−0.34)		(0.16)
常数项	−9.485***	−9.467***	−9.461***	−9.444***	−9.460***	−9.291***	−9.702***	−9.611***
	(−19.86)	(−19.91)	(−15.28)	(−14.14)	(−9.97)	(−9.00)	(−14.31)	(−13.19)
个体效应	控制	控制	控制	控制	控制	控制	控制	控制
年度效应	控制	控制	控制	控制	控制	控制	控制	控制
行业效应	控制	控制	控制	控制	控制	控制	控制	控制
样本量	11 706	9 889	11 683	9 870	8 052	6 616	11 052	9 300
调整的 R^2	0.908	0.907	0.908	0.907	0.910	0.909	0.910	0.909

注：括号内为 t 值，***、**和*分别表示在1%、5%和10%的显著性水平下通过显著性检验。

（三）经济后果分析

第一，对流转税税负的影响。前面的研究证明了"营改增"后，实验组企业的关联方数量增加。但考虑到企业关联方数量的增加可能受其他因素影响，如顺应改革方向而实施的有目的性的重组行为，我们增加了对企业流转税税负的经济后果分析，以佐证企业借助专业化分工降低税负这一逻辑链条。

我们分别用城建税税额和教育费附加倒推企业流转税税额，从全样本和按产业互联中位数分组两个层面检验企业进行分拆重组的经济后果影响，实证结果如表5-5所示。列（1）—（3）采用以城建税倒推的流转税税额，列（4）—（6）采用以教育费附加倒推的流转税税额。

表5-5 企业流转税税负的经济后果分析

变量	以城建税倒推的流转税税额 TAX_1			以教育费附加倒推的流转税税额 TAX_2		
	(1)	(2)	(3)	(4)	(5)	(6)
	全样本	高产业互联分组	低产业互联分组	全样本	高产业互联分组	低产业互联分组
LTOTAL×TREAT_POST	-0.001***	-0.002***	0.000	-0.001*	-0.002**	0.000
	(-2.61)	(-3.08)	(0.68)	(-1.89)	(-2.14)	(0.34)
LTOTAL	0.001	0.001	0.000	0.000	0.000	0.001
	(0.77)	(0.95)	(0.43)	(0.23)	(0.29)	(0.70)
TREAT_POST	0.001**	-0.000	0.001	0.001	0.000	0.001
	(2.40)	(-0.34)	(1.05)	(1.17)	(0.09)	(0.45)
ASSET	-0.003***	-0.004***	-0.002**	-0.004***	-0.005**	-0.003
	(-3.48)	(-2.88)	(-2.10)	(-2.60)	(-2.41)	(-1.53)
AGE	0.001	0.009**	-0.012***	0.001	0.012*	-0.018***
	(0.45)	(2.41)	(-2.68)	(0.17)	(1.94)	(-2.65)
TANGIBILITY	0.010***	0.006	0.010*	0.016***	0.011	0.020**
	(2.99)	(1.45)	(1.85)	(2.82)	(1.42)	(2.06)
ROA	0.045***	0.051***	0.038***	0.066***	0.075***	0.056***
	(5.11)	(3.72)	(3.27)	(4.47)	(3.24)	(2.88)
INVR	-0.003	-0.017**	0.007*	-0.005	-0.030**	0.009
	(-0.68)	(-2.55)	(1.74)	(-0.85)	(-2.40)	(1.37)
常数项	0.093***	0.097***	0.111***	0.124***	0.141***	0.149***
	(4.82)	(3.37)	(4.16)	(4.00)	(2.95)	(3.54)
个体效应	控制	控制	控制	控制	控制	控制
年度效应	控制	控制	控制	控制	控制	控制

(续表)

变量	以城建税倒推的流转税税额 TAX$_1$			以教育费附加倒推的流转税税额 TAX$_2$		
	(1) 全样本	(2) 高产业互联分组	(3) 低产业互联分组	(4) 全样本	(5) 高产业互联分组	(6) 低产业互联分组
行业效应	控制	控制	控制	控制	控制	控制
样本量	11 566	6 512	4 847	11 295	6 384	4 706
调整的 R^2	0.805	0.811	0.807	0.810	0.816	0.812

注：括号内为 t 值，***、** 和 * 分别表示在1%、5%和10%的显著性水平下通过显著性检验。

结果显示，在两种度量方式下，"营改增"后，企业均通过增加关联方数量的方式降低了未来一期的流转税税负，且这一减税效应显著地发生在产业互联程度更高的企业中，产业互联程度更低的一组企业则无显著影响。这说明改革以后企业通过重组使关联企业增多后切实达到了降低税负的目的，并且通过获取更高的增值税进项税额抵扣实现了这一减税途径，产业互联程度低的企业由于上游产业增值税税率较低，即使通过重组从关联企业处购进上游产品或服务，得到的进项税额抵扣也不足以减少自身流转税总额。经济后果分析支持了企业进行分拆重组是为降低流转税税负而进行的专业化分工选择，而不是一般多元化战略这一观点，一定程度上解释了改革后关联企业数量增加的目的在于降低企业流转税税负，验证了这是企业顺应增值税改革而采取的针对性决策。

第二，对所得税税负的影响。为进一步排除企业为调整所得税税负而进行分拆重组的可能性，我们对企业未来一期的所得税税负也进行了经济后果分析。将模型（4）的被解释变量更换为企业所得税实际税率，分别采用所得税费用除以经营活动净现金流（CT$_1$）和所得税费用除以息税前利润（CT$_2$）两种方式进行度量。控制如下影响企业实际所得税税率的因素：①总资产净利率（ROA），为企业净利润与总资产比率；②固定资产比率（TANGIBILITY），为

增值税改革的会计信息效应：基于"营改增"的研究

固定资产与总资产比率；③财务杠杆系数（DFL），为基本每股收益除以息税前利润变动率；④存货密集度（INVR），由存货与总资产比率表示；⑤营业收入增长率（GSALES），为营业收入增加额除以上年度营业收入；⑥资产负债率（LEV），为企业年末总负债除以总资产；⑦可持续增长率（GROWTH），为净资产收益率×收益留存率/(1-净资产收益率×收益留存率)；⑧企业是否为国有企业的哑变量（GOV）。此外，我们还控制了行业和年度固定效应。

对企业所得税税负的经济后果检验结果如表5-6列（1）、（2）所示，在两种不同的所得税税率度量方式下，"营改增"后企业增加关联企业数量均没有对企业所得税实际税率造成显著影响，这表明企业并不是为降低所得税税负而进行分拆重组的，再次排除了所得税因素对基准回归结果的影响。

表5-6 企业所得税税负的经济后果分析

变量	(1) CT_1	(2) CT_2
LTOTAL×TREAT_POST	-0.003	0.003
	(-0.40)	(1.50)
LTOTAL	0.024**	-0.006*
	(2.41)	(-1.72)
TREAT_POST	0.021*	0.002
	(1.83)	(0.57)
ROA	0.286*	-0.114*
	(1.66)	(-1.75)
TANGIBILITY	-0.168***	-0.052***
	(-3.87)	(-3.33)
DFL	0.000	-0.000
	(0.48)	(-0.96)
INVR	-0.198**	0.034
	(-2.57)	(1.56)

(续表)

变量	(1) CT_1	(2) CT_2
GSALES	-0.003	-0.001
	(-0.41)	(-0.49)
LEV	-0.009	-0.079***
	(-0.22)	(-4.88)
GROWTH	0.071	0.021
	(0.93)	(0.68)
GOV	0.004	-0.005
	(0.12)	(-0.46)
常数项	0.284***	0.207***
	(9.13)	(20.15)
个体效应	控制	控制
年度效应	控制	控制
行业效应	控制	控制
样本量	6 710	8 545
调整的 R^2	0.286	0.592

注：括号内为 t 值，***、** 和 * 分别表示在 1%、5% 和 10% 的显著性水平下通过显著性检验。

第三节 结论与启示

本研究通过使用 2010—2015 年 A 股上市公司数据，将 2012—2013 年"营改增"后缴纳增值税的企业作为实验组，选用反映企业盈利能力、发展能力、投资水平等的一系列财务指标作为控制变量，运用多时点 DID 模型分析"营改增"政策是否推动了企业分拆重组事件的发生。数据处理结果显示："营改

增值税改革的会计信息效应：基于"营改增"的研究

增"后，实验组企业以子公司、孙公司、联营企业、合营企业为代表的关联方数量显著增加，且在应对内生性问题之后研究结论仍然成立。这一结论表明"营改增"对企业分拆重组事件有促进效应。本研究基于专业化分工视角解释了"营改增"的分拆重组效应，即"营改增"打通了增值税抵扣链条，促使企业分拆重组形成新的关联企业，将原缴纳营业税的辅助性业务进行转移，以从关联方购进产品或服务的方式获得增值税进项税额抵扣以及价格优势。引入产业互联程度作为衡量企业所在行业获取增值税进项税额抵扣能力的指标，将产业互联程度与"营改增"变量交互后发现，产业互联程度越强的企业，"营改增"政策实施后越倾向于进行分拆重组，验证了企业为实现税负转移而进行分拆的逻辑链条。最后，通过经济后果研究发现，"营改增"后企业通过增加关联方数量实现了后续年度流转税税负的降低，从结果导向表明企业关联方数量的增加是为了顺应制度变迁而选择的降低流转税税负的方式，重组是企业进行的理性决策。

本研究的研究贡献体现在：第一，从企业分拆重组的视角为增值税改革的实体经济效应提供了研究证据。对"税收中性"的增值税进行改革是否及如何改善企业实体经济行为这一科学问题的研究有助于发现联结增值税制度与经济增长的微观机制。对税制改革与企业实体经济行为的研究多是关注企业所得税（Djankov 等，2010；Ljungqvist 和 Smolyansky，2018）。从我国增值税改革的相关研究来看，虽有研究涉及增值税转型、"营改增"与企业投资、分工、产业升级（例如陈钊和王旸，2016；范子英和彭飞，2017；李永友和严岑，2018），但现有研究仍显"碎片化"。第二，丰富和拓展了增值税改革在微观企业层面的经济后果研究，也为进行中的增值税深化改革带来了研究启示。我国增值税改革历经了 2004 年从东北地区开始的增值税转型改革、2012 年开始的"营改增"，以及后"营改增"时代实施增值税税率简并、退还增值税留抵税额、针对小微企业的税收优惠政策等增值税深化改革阶段（例如郭庆旺，2019；甘犁等，2019），增值税立法也进入发布征求意见稿阶段。"营改增

第五章 "营改增"与企业重组：基于增值税抵扣链条重构的视角

是分税制实施以来的一次重要税制改革，市场和学术界均持续关注着"营改增"对宏微观层面的影响和作用机制，包括宏观财政经济（孙正，2017；Ferede 和 Dahlby，2012），微观企业税负、投资规模、运营效率、创新等方面（陈晓光，2013；刘柏和王馨竹，2017；张璇等，2019）。我们从专业化分工的角度出发，研究改革的实施对企业重组的影响，实现宏观产业结构与微观企业策略的连接，从而丰富了增值税研究相关文献。第三，从增值税的视角丰富和拓展了税与企业边界调整的研究文献。现有文献集中研究了通过企业边界调整（包括分拆、兼并、重组等）进行企业所得税或个人所得税税收套利的手段（de Mooij 和 Nicodème，2008），以及税收差异或变化导致的企业组织形式变化（Plesko 和 Toder，2013；Rhodes-Kropf 和 Robinson，2008；Utke，2019）。本研究提供了增值税改革促进企业分拆重组的另一种思路：增值税改革促进了专业化分工，推动了企业重组。

我国现阶段在继续深化和推进增值税改革，但增值税多档税率并存的现状依然会破坏抵扣链条的完整性，进而影响产业间分工及资源配置。我们的研究发现也表明企业顺应增值税改革趋势进行分拆重组、实现专业化分工会受到上游行业增值税税率的影响，多档税率的存在使得增值税改革对于不同行业和企业的调控能力存在差异。简化增值税税率对企业实体经济行为的影响是未来需要关注的研究方向。

第六章 "营改增"、增值税抵扣链条重构与会计信息质量

第一节 问题的提出和理论分析

一、"营改增"与盈余管理

从财务报告动机来看,"营改增"会改变企业收入、费用、利润的核算,在其他条件相同的情况下,企业有可能选择盈余管理的会计程序和方法,以满足各种契约(包括债务契约、分红计划等)的要求。

"营改增"可以从以下几方面影响企业收入、费用核算:

第一,价内税转为价外税,影响收入费用核算。"营改增"前,作为价内税的营业税是营业收入的一部分;同时,营业税可以在计算企业所得税时扣除。"营改增"后,根据要求,基于价税分离的原则,销售所取得的全部价款需换算为不含税收入,据此确认收入。在收入不变的前提下,财务报表反映的营业收入将减少。以建筑业为例,原缴纳营业税的项目取得销售款 10 000 元,财务报告确认收入为 10 000 元,增值税税制下,销售款仍为 10 000 元的项目,财务报告确认的收入为 9 009 元〔10 000/(1+11%)〕。以服务业为例,"营改

增"前,某咨询公司获得100万元收入,适用的营业税税率为5%,而且5万元营业税作为费用项目可以在计算企业所得税时扣除。"营改增"后,如果没有重新定价,该咨询公司获得的100万元收入包含6%的增值税,因此,营业收入为94.34万元[100/(1+6%)],而且,5.66万元的增值税销项税额不能在计算企业所得税时作为费用扣除。因此,"营改增"后,企业收入和成本费用都会发生变化。进一步地,"营改增"后,在购置原材料、固定资产等物资时,按照会计处理规定扣除增值税税金之后,材料或设备的账面价值比在营业税税制下的小,资产总值降低,资产结构也将随之变化。同时,"营改增"使资产周转率、资产收益率等指标均受到不同程度的影响,对企业的信用评级、融资授信等都会产生影响。企业可能进行向上的盈余管理以粉饰业绩。

第二,价内税向价外税的转换引发定价体系的变化,影响上下游企业的收入和成本核算,促使企业进行定价体系的调整。例如,企业可以利用内部市场,通过关联交易和转移定价策略的调整,进行企业收入和成本的再分配,进而维持或改变企业的盈利状况。

结合图6-1,本研究使用简单的例子进行分析。

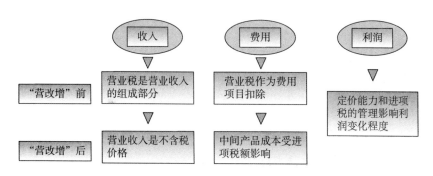

图6-1 "营改增"前后收入费用对比

假设某一家企业,"营改增"前营业收入为100万元,营业税税率为5%,中间投入品含税价格为50万元,则利润增加45万元。"营改增"后,增值税税率取11%，在其他条件相同的情况下讨论三种可能的情形。第一种情形假定企业未能重新定价，中间投入品所包括的进项税额不符合抵扣要求。营业收入100万元是含税收入，计入营业收入90.09万元，中间投入品含税价格为50万元，最终利润增加40.09万元。第二种情形假定企业能够重新定价，中间投入品所包括的进项税额不符合抵扣要求。不含税售价为100万元，最终利润增加50万元。第三种情形假定企业重新定价，中间投入品所包括的进项税额可以抵扣15万元。最终利润增加65万元。由此可见，企业的定价能力和进项税的管理效率影响利润变化程度。第一种情况下，由于利润水平低于"营改增"前，企业可能进行向上的盈余管理；第二、三种情况下，由于利润水平高于"营改增"前，企业可能进行向下的盈余管理以隐藏或平滑利润。

从会税一致性的角度分析，"营改增"实际上扩大了"会税合一"增值税会计处理模式的覆盖范围，一定程度上提高了会税一致性。我国的增值税会计处理模式以税负转嫁理论为基础，以税法为导向，是"会税合一"的会计处理模式（盖地，2008）。会税一致性的提高可能抑制也可能刺激企业盈余管理。文献认为以下原因导致了会税一致性提高后，企业盈余管理程度下降：第一，与会计准则的目标不同，税法并不以提供有助于决策的信息为目标，而是旨在调整税收征纳关系，保障财政收入。因此，税法仅允许管理层使用较小的自由裁量权来报告盈余数据，提高会税一致性压缩了管理层报告盈余的选择和判断空间。会计准则以应计制为基础，如对坏账、或有负债等都需要专业判断。税法更接近以现金制为基础，对交易事项实质进行判断的需求相较于会计准则变少了（瓦茨和齐默尔曼，2012）。第二，会税一致性提高后，企业如果做向上的盈余管理，则需要多交税；企业如果避税，又会使得向投资者报告的盈余下降，从而抑制了管理层进行盈余管理的意愿（Blaylock 等，2015；Desai，2005）。但是，Blaylock 等（2015）研究发现，会税一致性的提高会促使企业增加盈余管理，原因在于：其一，应税利润对业绩的反映程度下降，降低了外部投资者识别盈余管理的能力；其二，会税一致性提高会导致信息损失，促使企业进行盈余平滑。

基于以上分析，我们认为，"营改增"后，财务报告动机、"会税合一"导向的增值税会计处理模式会影响企业的盈余管理水平。但是，无法准确预测"营改增"与盈余管理关系的方向。因此，本研究提出假设1。

假设1：在其他条件相同的情况下，试点企业的盈余管理在"营改增"后增多。

二、"营改增"、增值税抵扣链条重构与盈余管理

"营改增"后，原缴纳营业税的企业改为缴纳增值税，有利于企业构建增值税抵扣链条。同时，"营改增"后，企业购入商品和服务所包含的进项税额可以抵扣销项税额。因此，"营改增"提升了企业利润受中间投入品影响的程度。增值税抵扣链条的完整程度会改变中间投入品成本，同时也会改变税负转嫁程度，进而对增值税价格效应的大小产生作用（平新乔等，2009；倪红福等，2016）。"营改增"后部分企业由于抵扣链条不完整，不能充分利用进项税额抵扣，不仅使增值税负担上升，还可能使企业中间投入品成本上升，企业利润下降。企业可通过将市场交易内化为企业内部交易，降低交易成本。"营改增"后企业利润受中间投入品影响的程度发生了变化。"营改增"前，企业外购服务等支付的价款中包括营业税，这些营业税不能在企业销售商品时用于抵扣增值税，上游企业缴纳的营业税会成为下游企业中间投入品成本的一部分。"营改增"后，企业外购服务等支付的价款中包括增值税，这些增值税作为进项税，可以用于抵扣增值税，但是，抵扣程度受增值税抵扣链条完整程度的影响（平新乔等，2009；倪红福等，2016）。如果企业在"营改增"后由于抵扣链条不完整，不能充分抵扣进项税额，那么企业将承担部分增值税税负。

增值税改革的会计信息效应：基于"营改增"的研究

一方面，企业将被占用现金流；另一方面，还可能使企业中间投入品成本上升，在企业收入不变的情况下导致利润下降。以笔者调研的建筑业企业为例，"营改增"前，建筑业企业适用的营业税税率为3%，2016年5月建筑行业实施"营改增"时，适用的增值税税率为11%。对于部分建筑业企业尤其是负责路面施工项目的企业而言，其上游供应商多是提供沙石瓦料的个体工商户，企业如果无法从上游获得足够的增值税专用发票，就会承担较重的增值税负担。除此之外，建筑工程项目周期较长，企业在"营改增"前按照营业税税率3%的预算项目价款签订合同，但是"营改增"后企业受市场地位、定价权、法律规定等约束，无法修改在"营改增"前签订的项目合同报价，在"营改增"后适用增值税税率11%的情况下，企业的经营业绩会下降。

交易成本理论认为，在外部市场交易成本高的情况下，企业可选择内部化市场交易以降低交易成本。为充分利用"营改增"的改革红利，企业可能会进行分拆重组以重构增值税抵扣链条。具体做法包括：第一，进行纵向一体化。笔者调研的建筑业企业在"营改增"后计划在上游成立具有增值税一般纳税人资格的原材料供应商，利于企业获得增值税进项税额抵扣。第二，分拆成立公司。我国增值税暂行条例对不同行业、不同规模的企业适用不同的税率和征税办法。因此，将混合销售的内部单位按业务合理拆分经营，对有兼营行为的企业按兼营项目拆分为若干独立核算的子公司，改变原有的纳税人身份，这样的分拆重组一方面可避免企业从高适用增值税税率缴纳税款，另一方面重构了增值税抵扣链条，利于企业在购入中间投入品时获得增值税专用发票，充分抵扣进项税额，或是实现税负转嫁和递延纳税。

企业重构增值税抵扣链条，会改变企业内部市场，使交易各方、交易特征（包括交易金额、交易类型、交易方向）和定价策略发生显著改变。企业可以利用关联交易和转移定价，将收入和成本在企业集团成员中进行转移和重新分配，从而增加盈余管理。因此，本研究提出假设2。

假设 2：在其他条件相同的情况下，试点企业在增值税抵扣链条重构后盈余管理会增多。

第二节　实证研究

一、数据与方法

（一）样本筛选和数据来源

本研究选取 2009—2013 年 A 股上市公司为研究样本，剔除了 ST 类、PT 类和信息不全的上市公司，以 2012 年"营改增"试点区域内试点行业的企业为实验组，以不受"营改增"政策影响的其他地区、其他行业的企业为对照组。①剔除企业应计盈余管理数据缺失的观测值，我们最终得到 6 725 个有效观测值。与第五章的做法相同，我们使用上市公司子公司、孙公司等关联企业数量变化来衡量增值税抵扣链条重构。之所以使用上市公司子公司、孙公司等关联企业数量变化来衡量增值税抵扣链条，原因在于：第一，沿增值税抵扣链条纵向一体化或分拆企业构建增值税抵扣链条均导致子公司、孙公司等关联企业数量变化。第二，"营改增"后，重复征税的问题得以解决，部分企业就不必再以自营方式提供中间投入品，即"营改增"促进了企业分工（范子英和彭飞，2017；陈钊和王旸，2016）。从另一个角度来看，企业分工实际上体现出企业主动重构增值税抵扣链条，最终表现为子公司、孙公司等关联企业数量增多。第三，我们无法完整地观察到企业与抵扣链条交易各方的关系，但是，"营改增"促进社会分工是"营改增"影响企业会计行为的中间传导机制，子公司、孙公司等关联企业数量变化一定程度上反映着上市公司主动调整和

---

① 由于 2013 年 8 月 1 日起营改增 "1+6" 试点行业（交通运输业和 6 个现代服务业）在全国范围内推行，为控制 2013 年试点行业样本对检验结果的影响，本研究将 2013 年试点地区的试点企业从样本中剔除。

重构增值税抵扣链条。例如，对"营改增"与七匹狼专业化分工的案例研究发现，2012年之前，七匹狼新增的7家子公司均为服装制造业子公司，涉及生产和销售环节；2012—2014年，七匹狼分别新增2、3、5家子公司，均涉及软件开发、服装设计与技术服务、企业管理咨询服务、仓储物流配送、物业租赁，属于"营改增"试点行业（沈之钎，2018）。我们手工收集了上市公司及其子公司、孙公司等关联企业的名称，以及这些企业与上市公司的关系。

企业财务数据及企业特征数据来源于同花顺数据库、CSMAR数据库、WIND数据库以及上市公司年报。为了消除极端值的影响，本研究对连续变量进行1%水平的winsorize处理。

（二）模型和变量定义

我国"营改增"首先在部分行业、地区进行试点。自2012年1月1日起，在上海市的交通运输业和部分现代服务业试点"营改增"改革。2012年8月1日起至2012年年底，"营改增"试点范围由上海分批扩大至北京、天津、江苏、浙江、安徽、福建、湖北、广东、宁波、厦门和深圳11个省市。因此，"营改增"在部分地区、行业试点为本研究提供了很好的自然事件。为检验"营改增"对企业盈余管理的影响，本研究构建如下DID估计模型：

$$EM_{i,t} = \beta_0 + \beta_1 B2V_{i,t} \times Post_{i,t} + \beta_2 B2V_{i,t} + \beta_3 Post_{i,t} + \beta_4 Control_{i,t} + \varepsilon_{i,t} \quad (1)$$

EM为企业盈余管理变量，包括应计盈余管理绝对值、向下应计盈余管理和向上应计盈余管理。参照Dechow和Dichev（2002），我们使用修正的Jones模型计算出来的操纵性应计利润来衡量，并分别以Da的绝对值（Abs_Da）以及大于0（Da>0）、小于0（Da<0）来考察盈余管理程度。

B2V表示是否属于"营改增"试点企业。B2V等于1为实验组，指"营改增"试点区域内试点行业的企业（具体涉及的试点行业和试点区域见表6-1）。B2V等于0为对照组，为不受"营改增"政策影响的其他地区、其他行业的企业。为了控制实验组和对照组之间的系统性差异，我们将2012年看作实验

第六章 "营改增"、增值税抵扣链条重构与会计信息质量

冲击的时间。如果样本在 2012 年及以后,则 Post 等于 1,反之 Post 等于 0。我们重点关注 B2V×Post 的系数 β_1,它反映了"营改增"对试点企业盈余管理程度的影响。①

表 6-1 实验组涉及的试点区域和行业

涉及的行业	涉及的细分行业	涉及的区域
交通运输业:陆路、水路、航空、管道运输 部分现代服务业:研发与技术、信息技术、文化创意、物流辅助、有形动产租赁和鉴证咨询	道路运输业、水上运输业 航空运输业、管道运输业 装卸搬运和运输代理业、仓储业 互联网和相关服务业 软件和信息技术服务业 租赁业、商务服务业 研究和试验发展业 专业技术服务业 广播、电视、电影和影视录音服务业	上海(2012 年 1 月 1 日起) 北京、福建、广东、江苏、安徽、天津、浙江、湖北(2012 年 8 月 1 日起)

为了检验企业增值税抵扣链条重构对"营改增"盈余管理效应的影响,本研究构建如下模型:

$$EM_{i,t} = \beta_0 + \beta_1 B2V_{i,t} \times Post_{i,t} \times Dlink_{i,t} + \beta_2 B2V_{i,t} + \beta_3 Post_{i,t} + \beta_4 Dlink_{i,t} + \beta_5 Control_{i,t} + \varepsilon_{i,t} \quad (2)$$

模型(2)中 Dlink 为企业重构的增值税抵扣链条,我们使用"营改增"前后上市公司的关联企业数量的变化值来衡量 Dlink。② 模型(2)中的其他变量和模型(1)中的变量相同,具体见表 6-2。模型(2)中,我们重点关注 B2V×Post×Dlink 的系数 β_1,它反映了企业增值税抵扣链条重构对"营改增"盈余管理效应的影响。

Control 为一组控制变量。参照 Barth 等(2008)、蔡春等(2005),本研究

---

① 企业进行盈余管理的动机和方式有很多种,"营改增"对不同动机和方式下的盈余管理的影响不同,因此本研究在正文中未对 β_1 系数的方向进行预测。

② 这一衡量增值税抵扣链条的方法的局限性在于只能捕捉部分增值税抵扣链条,因此,我们的研究发现可能被低估。

控制了以下变量：企业规模（Size）、净资产收益率（Roa）、资产负债率（Lev）、第一大股东持股比例（Share1）、企业性质（Nature）、独立董事人数占董事会人数的比重（Board）、企业现金流水平（Cfo）、企业发行的股票数量的变化（Dissue）、企业是否亏损（Loss）。

表 6-2 变量定义

变量	定义
EM	EM 为企业盈余管理变量，包括应计盈余管理绝对值、向下应计盈余管理和向上应计盈余管理
B2V	B2V 表示是否属于"营改增"试点企业。B2V 等于 1 为实验组，指"营改增"试点区域内试点行业的企业。B2V 等于 0 为对照组，指不受"营改增"政策影响的其他地区、其他行业的企业
Post	如果样本在 2012 年及以后，则 Post 等于 1，反之 Post 等于 0
Dlink	Dlink 为企业重构的增值税抵扣链条，我们使用"营改增"前后上市公司的关联企业数量的变化值来衡量 Dlink
Supply	从前五大供应商处采购份额占企业采购总份额的比重
Buy	在前五大客户处销售份额占企业销售总份额的比重
Size	企业规模，总资产的自然对数
Lev	资产负债率，总负债与总资产的比率
Roa	净资产收益率，企业净利润与总资产的比率
Cfo	企业现金流水平，经营活动现金流除以年末总资产
Share1	第一大股东持股比例
Board	独立董事人数占董事会人数的比重
Dissue	企业发行的股票数量变化的百分比
Loss	企业是否亏损，如果企业年末亏损，取值为 1，否则为 0
Nature	企业性质，等于 1 为国有企业，等于 0 为民营企业

（三）描述性统计

表 6-3 是变量的描述性统计。操纵性应计利润绝对值（Abs_Da）的均值为 0.067，最大值为 0.491。具体分析企业应计盈余管理的方向，可以看到操

纵性应计利润小于 0（Da<0）的均值为 -0.063，最小值为 -0.491，操纵性应计利润大于 0（Da>0）的均值为 0.070，最大值为 0.461。上述统计反映企业可能通过多种方式进行盈余管理。由于本研究的样本是非平衡面板数据，因此 Post 的均值为 0.468。同时，我们可以看到 Dlink 的均值为 1.543，标准差为 6.974，说明不同企业重构增值税抵扣链条的差异很大。

表 6-3 变量的描述性统计

变量	样本量	均值	标准差	最小值	25%分位数	中位数	75%分位数	最大值
Abs_Da	6 725	0.067	0.067	0	0.022	0.047	0.090	0.491
Da<0	3 081	-0.063	0.065	-0.491	-0.085	-0.044	-0.020	0
Da>0	3 644	0.070	0.069	0	0.023	0.049	0.094	0.461
B2V	6 725	0.060	0.237	0	0	0	0	1.000
Post	6 725	0.468	0.499	0	0	0	1.000	1.000
Dlink	6 501	1.543	6.974	-179.000	0	1.000	2.000	107.000
Supply	2 776	0.362	0.218	0.046	0.198	0.309	0.493	0.983
Buy	5 875	0.302	0.227	0.013	0.136	0.235	0.407	0.995
Size	6 725	21.800	1.253	18.770	20.950	21.690	22.520	26.680
Cfo	6 725	0.042	0.080	-0.225	0.001	0.040	0.088	0.273
Lev	6 725	0.469	0.247	0.031	0.292	0.464	0.629	1.656
Roa	6 725	0.044	0.037	-0.004	0.012	0.036	0.068	0.113
Share1	6 725	35.590	15.160	8.774	23.250	33.800	46.820	74.980
Loss	6 725	0.102	0.303	0	0	0	0	1.000
Dissue	6 725	0.186	0.346	0	0	0	0.238	1.543
Board	6 725	0.368	0.053	0.091	0.333	0.333	0.400	0.714
Nature	6 725	0.484	0.500	0	0	0	1.000	1.000

增值税改革的会计信息效应:基于"营改增"的研究

二、实证结果与分析

(一)单变量分析

表6-4列示了实验组和对照组在"营改增"前后,盈余管理程度变化的差异。我们发现在"营改增"事件前后,实验组和对照组的Abs_Da的差异分别为-0.009和0.003。而进一步控制实验组和对照组之间的系统差异会发现,这种差异为0.012,并在5%水平下显著。这说明经过"营改增"后,实验组的Abs_Da显著增加。此外,实验组和对照组的向下盈余管理的DID值也在5%水平上显著。上述结果说明,试点企业的盈余管理程度尤其是向下盈余管理程度,在"营改增"后发生了显著变化。

表6-4 单变量分析

	事件前		事件后		Difference		DID
	对照组 (1)	实验组 (2)	对照组 (3)	实验组 (4)	(5)= (2)-(1)	(6)= (4)-(3)	(7)= (6)-(5)
Abs_Da	0.074	0.065	0.060	0.063	-0.009* (-1.93)	0.003 (0.816)	0.012** (2.08)
Da<0	-0.069	-0.054	-0.056	-0.059	0.015** (2.12)	-0.003 (-0.609)	0.011** (-2.09)
Da>0	0.079	0.074	0.063	0.066	-0.005 (-0.65)	0.003 (1.21)	0.008 (0.93)

注:*、**和***分别表示10%、5%和1%的显著性水平,括号内为t值。

(二)"营改增"与盈余管理

表6-5列示了"营改增"与企业盈余管理的检验结果。列(1)显示,B2V×Post系数显著为正,表明实验组在"营改增"后操纵性应计利润绝对值显著增加。列(2)和列(3)反映了"营改增"对企业不同方向盈余管理的

影响，当 Da<0 时，B2V×Post 系数显著为负，表明实验组在"营改增"后向下盈余管理活动增加，当 Da>0 时，B2V×Post 系数为正但是不显著。可以得出，"营改增"能显著影响试点企业的盈余管理活动，尤其是向下的盈余管理活动。这表明，"营改增"后，如果企业的定价能力强，或者进项税的管理效率高，就有可能提高收入，或降低中间投入品成本，从而提高会计利润，促使企业进行向下的盈余管理。

表 6-5 "营改增"与企业盈余管理

	(1) Abs_Da	(2) Da<0	(3) Da>0
B2V×Post	0.011**	-0.012*	0.003
	(2.06)	(-1.95)	(0.59)
B2V	-0.010**	0.009	-0.010***
	(-2.07)	(1.49)	(-2.60)
Post	-0.006***	0.011***	0.007***
	(-2.68)	(3.67)	(3.16)
Size	-0.004***	0.010***	0.004***
	(-4.04)	(8.31)	(3.74)
Cfo	-0.194***	-0.545***	-0.806***
	(-9.27)	(-16.88)	(-31.85)
Lev	0.053***	-0.067***	0.000
	(9.76)	(-8.09)	(0.04)
Roa	0.517***	0.325***	1.142***
	(14.68)	(6.02)	(31.83)
Share1	0.000**	-0.000	0.000
	(2.45)	(-1.30)	(1.26)
Loss	0.029***	-0.040***	-0.002
	(9.11)	(-11.68)	(-0.40)
Dissue	0.001	0.006**	0.001
	(0.47)	(2.29)	(0.41)

增值税改革的会计信息效应：基于"营改增"的研究

(续表)

	(1)	(2)	(3)
	Abs_Da	Da<0	Da>0
Board	0.012	-0.022	-0.006
	(0.72)	(-1.13)	(-0.36)
Nature	-0.006***	0.002	-0.000
	(-2.90)	(0.85)	(-0.15)
常数项	0.103***	-0.197***	-0.081***
	(4.97)	(-8.30)	(-3.54)
Year	控制	控制	控制
N	6 725	3 081	3 644
Adj-R^2	0.128	0.332	0.599

注：***、**和*分别表示1%、5%和10%的显著性水平，括号内为t值。标准误差进行了公司层面cluster（集群）处理。

(三)"营改增"、增值税抵扣链条重构与盈余管理

表6-6是对假设2中"营改增"、增值税抵扣链条重构与盈余管理关系检验的结果。当Abs_Da为因变量时，B2V×Post×Link系数显著为正，表明实验组在"营改增"重构增值税抵扣链条后盈余管理程度显著提高。企业也通过构建增值税抵扣链条影响不同方向应计盈余管理的程度，对于Da<0，B2V×Post×Link系数显著为负，对于Da>0，B2V×Post×Link系数显著为正。这说明，企业重构增值税抵扣链条，可以改变企业内部市场，引发交易各方、交易特征和定价策略发生改变，企业可以利用关联交易和转移定价，将收入和成本在企业集团成员中进行转移和重新分配，盈余管理活动增多。

表6-6 "营改增"、增值税抵扣链条重构与盈余管理

	(1)	(2)	(3)
	Abs_Da	Da<0	Da>0
B2V×Post×Link	0.003***	-0.002**	0.003***
	(3.93)	(-2.19)	(2.92)

(续表)

	(1)	(2)	(3)
	Abs_Da	Da<0	Da>0
B2V	-0.010**	0.012**	-0.008**
	(-2.05)	(2.33)	(-1.98)
Post	-0.018***	0.002	-0.020***
	(-6.58)	(0.57)	(-7.64)
B2V×Post	0.010*	-0.016***	0.001
	(1.87)	(-2.67)	(0.18)
Link	0.000	-0.000	0.000
	(1.02)	(-1.13)	(0.67)
B2V×Link	-0.001**	0.000	-0.001**
	(-2.50)	(0.95)	(-2.19)
Post×Link	-0.000	0.000	0.000
	(-0.61)	(0.58)	(0.41)
Size	-0.003***	0.009***	0.004***
	(-3.43)	(7.42)	(3.67)
Cfo	-0.196***	-0.573***	-0.807***
	(-9.07)	(-18.24)	(-30.75)
Lev	0.048***	-0.058***	0.000
	(8.97)	(-6.93)	(0.09)
Roa	0.500***	0.375***	1.143***
	(14.02)	(6.94)	(31.27)
Share1	0.000**	-0.000	0.000
	(2.47)	(-1.36)	(1.22)
Loss	0.027***	-0.039***	-0.003
	(8.48)	(-11.27)	(-0.72)
Dissue	0.001	0.005**	0.001
	(0.49)	(2.07)	(0.48)
Board	0.010	-0.025	-0.008
	(0.61)	(-1.28)	(-0.48)

（续表）

	（1）Abs_Da	（2）Da<0	（3）Da>0
Nature	−0.007***	0.002	−0.001
	(−3.27)	(0.82)	(−0.39)
常数项	0.105***	−0.171***	−0.054**
	(5.21)	(−7.28)	(−2.31)
Year	控制	控制	控制
N	6 501	2 969	3 532
Adj-R^2	0.121	0.339	0.598

注：***、**和*分别表示1%、5%和10%的显著性水平，括号内为 t 值。标准误差进行了公司层面 cluster 处理。

（四）稳健性检验

1. PSM 回归分析

DID 模型分析要求处理组和对照组的选择是随机的。本研究进一步使用 PSM 法对实验组和控制组进行匹配。首先，我们以企业规模（Size）、资产负债率（Lev）、净资产收益率（Roa）、现金流水平（Cfo）、第一大股东持股比例（Share1）、企业性质（Nature）作为企业特征变量对实验组和控制组进行 Probit 回归，以预测值作为得分。其次，采用最近邻匹配的方法进行匹配。最后，按照模型（1）和模型（2）进行回归，结果如表 6-7 和表 6-8 所示。我们发现 B2V×Post 交互项系数以及 B2V×Post×Link 交互项系数的符号和显著性基本不变，再次证明了假设 1 和假设 2。

表 6-7 PSM 处理后的"营改增"与盈余管理

	（1）Abs_Da	（2）Da<0	（3）Da>0
B2V×Post	0.016***	−0.014*	0.006
	(2.61)	(−1.87)	(1.12)

（续表）

	(1) Abs_Da	(2) Da<0	(3) Da>0
B2V	-0.010*	0.008	-0.013***
	(-1.93)	(1.15)	(-2.89)
Post	-0.015***	0.011*	0.001
	(-4.18)	(1.80)	(0.32)
Size	-0.004**	0.009***	0.003*
	(-1.98)	(3.29)	(1.78)
Cfo	-0.184***	-0.625***	-0.744***
	(-4.03)	(-8.96)	(-13.95)
Lev	0.055***	-0.067***	0.008
	(5.57)	(-3.61)	(1.05)
Roa	0.499***	0.510***	1.193***
	(6.83)	(4.37)	(21.72)
Share1	0.000	0.000	0.000
	(0.97)	(0.38)	(1.14)
Loss	0.023**	-0.030**	-0.000
	(2.51)	(-2.51)	(-0.00)
Dissue	0.008*	0.009*	0.004
	(1.80)	(1.88)	(0.94)
Board	-0.000	-0.005	-0.024
	(-0.01)	(-0.14)	(-0.61)
Nature	-0.005	0.004	0.000
	(-1.14)	(0.85)	(0.10)
常数项	0.113***	-0.207***	-0.065
	(2.69)	(-4.03)	(-1.54)
Year	控制	控制	控制

（续表）

	(1) Abs_Da	(2) Da<0	(3) Da>0
N	1 606	657	949
Adj-R^2	0.117	0.385	0.549

注：***、**和*分别表示1%、5%和10%的显著性水平，括号内为 t 值。标准误差进行了公司层面 cluster 处理。

表6-8　PSM处理后的"营改增"、增值税抵扣链条重构与盈余管理

	(1) Abs_Da	(2) Da<0	(3) Da>0
B2V×Post×Link	0.004***	-0.001	0.004**
	(3.55)	(-0.63)	(2.55)
B2V	-0.010*	0.011*	-0.012**
	(-1.82)	(1.78)	(-2.39)
Post	-0.020***	0.004	-0.020***
	(-3.56)	(0.45)	(-3.70)
B2V×Post	0.014**	-0.017**	0.005
	(2.30)	(-2.32)	(0.76)
Link	0.000	-0.000	0.000
	(0.39)	(-0.36)	(0.13)
B2V×Link	-0.001	0.000	-0.001
	(-1.57)	(0.57)	(-1.33)
Post×Link	-0.001	-0.001	-0.000
	(-0.78)	(-1.05)	(-0.42)
Size	-0.003	0.007***	0.003
	(-1.60)	(3.05)	(1.56)
Cfo	-0.191***	-0.666***	-0.736***
	(-4.05)	(-10.74)	(-13.62)
Lev	0.052***	-0.052***	0.010
	(5.16)	(-3.59)	(1.17)

（续表）

	（1）	（2）	（3）
	Abs_Da	Da<0	Da>0
Roa	0.489***	0.599***	1.189***
	(6.55)	(6.42)	(21.28)
Share1	0.000	0.000	0.000
	(0.83)	(0.60)	(1.20)
Loss	0.024**	-0.033***	0.000
	(2.52)	(-2.61)	(0.03)
Dissue	0.007*	0.010**	0.004
	(1.72)	(2.10)	(1.04)
Board	-0.002	-0.005	-0.021
	(-0.05)	(-0.15)	(-0.53)
Nature	-0.006	0.007	-0.000
	(-1.53)	(1.24)	(-0.08)
常数项	0.109**	-0.160***	-0.037
	(2.54)	(-3.67)	(-0.85)
Year	控制	控制	控制
N	1 570	641	929
Adj-R^2	0.121	0.407	0.550

注：***、**和*分别表示1％、5％和10％的显著性水平，括号内为 t 值。标准误差进行了公司层面 cluster 处理。

2. "营改增"、企业与供应商议价能力和盈余管理

"营改增"对企业收入、费用和利润的影响受制于中间投入品成本。企业中间投入品成本受企业与供应商的议价能力影响，因此，我们将企业与供应商的议价能力作为增值税抵扣链条的代理变量。企业的议价能力反映企业对供应商的依赖程度，企业对供应商的依赖程度越高，企业在谈判中的地位就越低，就越难以改变中间投入品成本（乔睿蕾和陈良华，2017；童锦治等，2015）。具体而言，供应商的议价能力高，企业在采购过程中就难以压低成本，在企业

销售价格不变的情况下,企业的利润会因中间投入品成本高而相对较低,从而使企业有盈余管理的动机。换言之,"营改增"后,在销售收入不变的情况下,企业对供应商的议价能力越弱,企业的采购成本将越高,企业利润下降,企业可能通过向上的盈余管理粉饰业绩。因此,我们预期企业与供应商的议价能力可能对"营改增"后的盈余管理产生调节效应。

为了分析企业的议价能力对"营改增"盈余管理效应的影响,本研究构建模型(3):

$$EM_{i,t} = \beta_0 + \beta_1 B2V_{i,t} \times Post_{i,t} \times Supply_{i,t} + \beta_2 B2V_{i,t} \times Supply_{i,t} + \beta_3 Post_{i,t} \times Supply_{i,t} + \beta_4 B2V_{i,t} \times Post_{i,t} + \beta_5 B2V_{i,t} + \beta_6 Post_{i,t} + \beta_7 Buy_{i,t} + \beta_8 Control_{i,t} + \varepsilon_{i,t} \tag{3}$$

参照唐跃军(2009)所用的方法,利用"从前五大供应商处采购份额占企业采购总份额的比重"来衡量企业供应商议价能力(Supply),这一比重越高,表明企业对供应商的依赖程度越高,企业对供应商的议价能力越弱,即抵扣链条对中间投入品的成本控制越弱。模型(3)其余变量的定义与模型(1)相同。模型(3)中,β_1和β_2分别衡量了企业与供应商的议价能力可能对"营改增"后的盈余管理产生的调节效应。

表6-9显示,供应商的议价能力越强,"营改增"后,企业的盈余管理,主要是向上的盈余管理程度越高。"营改增"后,在销售收入不变的情况下,企业对供应商的议价能力越弱,企业需要承担的采购成本就会越高,会引发利润下降,在业绩承压下,企业可能通过向上的盈余管理粉饰业绩。这一发现从另一个视角支持了假设2。

表6-9 企业对供应商的议价能力与"营改增"的盈余管理效应

	(1) Abs_Da	(2) Da<0	(3) Da>0
B2V×Post×Supply	0.001**	−0.001	0.001***
	(2.43)	(−1.19)	(3.43)

（续表）

	（1） Abs_Da	（2） Da<0	（3） Da>0
Post×Supply	-0.000	-0.000	-0.000**
	(-1.01)	(-0.45)	(-2.07)
B2V×Supply	-0.002***	0.001*	-0.001***
	(-3.29)	(1.82)	(-3.10)
B2V×Post	-0.065**	0.037	-0.056**
	(-2.34)	(0.85)	(-2.53)
Supply	0.001***	-0.000	0.001***
	(3.52)	(-0.78)	(4.27)
B2V	0.082***	-0.051	0.053**
	(2.81)	(-1.25)	(2.15)
Post	-0.011*	0.003	-0.015**
	(-1.65)	(0.40)	(-2.32)
Size	-0.003**	0.010***	0.005***
	(-2.10)	(5.77)	(2.95)
Cfo	-0.211***	-0.484***	-0.819***
	(-6.82)	(-9.35)	(-21.88)
Lev	0.064***	-0.070***	0.001
	(7.79)	(-6.07)	(0.15)
Roa	0.518***	0.295***	1.149***
	(10.37)	(3.94)	(21.41)
Share1	0.000	-0.000	0.000
	(1.35)	(-0.51)	(1.23)
Loss	0.028***	-0.038***	-0.004
	(6.24)	(-8.14)	(-0.78)
Dissue	-0.000	0.008**	0.003
	(-0.10)	(2.47)	(1.18)
Board	0.014	-0.019	0.009
	(0.66)	(-0.78)	(0.44)

（续表）

	（1）	（2）	（3）
	Abs_Da	Da<0	Da>0
Nature	-0.009***	0.008**	0.003
	(-2.94)	(2.19)	(0.99)
常数项	0.073**	-0.188***	-0.095***
	(2.47)	(-5.40)	(-2.73)
Year	控制	控制	控制
N	2 776	1 274	1 502
Adj-R^2	0.166	0.329	0.637

注：***、**和*分别表示1％、5％和10％的显著性水平，括号内为 t 值。标准误差进行了公司层面 cluster 处理。

三、税收征管对"营改增"盈余管理效应的作用

税收征管发挥着公司治理作用，更重要的是，提高税收征管效率有助于改善一个国家整体的公司治理情况（郑志刚，2007）。税收征管具有治理作用（Desai等，2007；Dyck和Zingales，2004）。税务局作为行使税收征管权的国家机关，之所以能像股东一样发挥公司治理的监督约束作用，原因在于征税赋予了税务局从企业那里获得现金流权，税务局因此类似地成为企业"最大的小股东"（Desai等，2004；Desai等，2007）。现金流权激励税收征管部门监督并稽查企业是否转移收入利润，审计企业会计信息质量是否准确可靠。而且，税收征管部门不会像小股东一样因为"搭便车"问题而减弱对企业内部人的监督治理力度，因为税收征管部门对一家企业的税务稽查或法律诉讼能够产生足够的外溢效应，从而达到对其他企业的威慑或惩戒作用，稽查成本和诉讼成本小于税收收益。Desai等（2007）把代理理论引入对公司避税问题的讨论，实际上开启了税收征管发挥公司治理作用的研究。Desai等（2004）的避

第六章 "营改增"、增值税抵扣链条重构与会计信息质量

税代理观认为避税降低了企业和会计信息的透明度,掩饰了公司内部人转移收入和利润的行为。税收征管的有效实施能抑制内部人通过转移收入利润攫取控制权私利。为较好地捕捉加大税收征管力度后企业避税程度的变化,并有效控制税收征管法律修订对税收征管力度与企业避税之间的关系产生的潜在干扰,Desai 等(2007)将普京当选总统这一事件作为俄罗斯加大税收征管力度的衡量变量(普京就任总统后加大了俄罗斯税收征管部门对企业的税收查处力度,而在此期间俄罗斯并未修改税收征管法律),研究发现,普京当选总统后,俄罗斯石油寡头减少了向离岸地区转移利润进行避税的行为。曾亚敏和张俊生(2009)发现,加大税收征管力度,可以抑制股东与管理层、大小股东之间的代理问题产生。Hallsworth 等(2017)向英国 20 多万人发送揭示财务信息的提醒邮件,结果显示收到邮件的纳税人的税收遵从度有所提升。为保证税收收入,税务局会检查企业会计信息运营情况,抑制企业对会计信息的操纵。如果企业在"营改增"后增加了盈余管理,我们预期"营改增"的盈余管理效应在税收力度小的地区会更显著。

上海是我国唯一没有分设地方税务局和国家税务局的地区。地方税务局的税收征管可能存在地方政府与当地企业的串谋,国家税务局的税收征管一般代表更高的税收征管效率(曾亚敏和张俊生,2009)。因此,我们把样本划分为上海、非上海两组,按照模型(1)重新进行回归,分析税收征管效率是否对"营改增"的盈余管理效应产生了影响。虽然增值税属于国税征收管理范围,但是"营改增"后,地税系统仍代收部分税款,所以,非上海地区的税收征管效率整体上低于上海地区。表 6-10 是税收征管效率调节"营改增"盈余管理效应的结果。我们发现,"营改增"的盈余管理效应仅在非上海地区样本中显著,而在上海地区样本中不显著。这表明,提高税收征管效率对企业盈余管理行为具有治理作用。

表6-10 税收征管效率与"营改增"的盈余管理效应

	非上海 Abs_Da	上海 Abs_Da	非上海 Da<0	上海 Da<0	非上海 Da>0	上海 Da>0
B2V×Post	0.011**	0.016	−0.012*	−0.031	0.001	0.024
	(2.09)	(0.99)	(−1.72)	(−1.42)	(0.18)	(1.20)
B2V	−0.014***	0.011	0.010	0.011	−0.008**	−0.010
	(−3.04)	(0.72)	(1.49)	(0.84)	(−2.10)	(−0.92)
Post	−0.016***	−0.024*	0.001	0.025**	−0.020***	−0.039**
	(−5.97)	(−1.74)	(0.34)	(2.59)	(−7.52)	(−2.22)
Size	−0.004***	−0.007*	0.010***	0.008**	0.004***	−0.001
	(−3.91)	(−1.82)	(8.21)	(2.51)	(3.82)	(−0.28)
Cfo	−0.195***	−0.146*	−0.544***	−0.538***	−0.806***	−0.802***
	(−9.05)	(−1.80)	(−16.55)	(−3.29)	(−30.58)	(−9.01)
Lev	0.052***	0.064***	−0.066***	−0.071***	−0.001	0.039
	(9.40)	(3.68)	(−7.78)	(−3.11)	(−0.15)	(1.65)
Roa	0.531***	0.279*	0.312***	0.542**	1.135***	1.281***
	(14.88)	(1.76)	(5.69)	(2.07)	(31.05)	(7.59)
Share1	0.000**	0.001*	−0.000	−0.000	0.000	0.000
	(2.18)	(1.97)	(−0.98)	(−1.48)	(1.25)	(0.38)
Loss	0.030***	0.017	−0.040***	−0.033**	−0.002	0.020
	(9.13)	(1.25)	(−11.52)	(−2.16)	(−0.40)	(1.18)
Dissue	0.001	0.008	0.006**	0.004	0.001	−0.007
	(0.33)	(0.59)	(2.19)	(0.30)	(0.32)	(−0.45)
Board	0.002	0.259**	−0.018	−0.026	−0.014	0.245*
	(0.12)	(2.30)	(−0.89)	(−0.27)	(−0.83)	(1.81)
Nature	−0.006***	−0.019	0.002	0.008	0.000	−0.013
	(−2.65)	(−1.39)	(0.77)	(0.56)	(0.04)	(−1.25)
常数项	0.117***	0.092	−0.198***	−0.176**	−0.058**	−0.053
	(5.75)	(1.10)	(−7.92)	(−2.39)	(−2.43)	(−0.78)
Year	控制	控制	控制	控制	控制	控制

（续表）

	非上海	上海	非上海	上海	非上海	上海
	Abs_Da	Abs_Da	Da<0	Da<0	Da>0	Da>0
N	6 439	286	2 942	139	3 497	147
Adj-R^2	0.129	0.182	0.332	0.390	0.599	0.667

注：***、**和*分别表示1%、5%和10%的显著性水平，括号内为t值。标准误差进行了公司层面cluster处理。

我们也参照曾亚敏和张俊生（2009）的做法，用实际税收负担比率与估算出的税收负担比率之差来度量地区税收征管力度，然后按照地区税收征管力度的年度中位数将样本分为税收征管力度小和税收征管力度大的两组。表6-11显示，在税收征管力度小的地区，"营改增"的盈余管理效应更强，表明加大税收征管力度对企业盈余管理行为具有治理作用。

表6-11 地区税收征管力度与"营改增"的盈余管理效应

	税收征管力度大	税收征管力度小	税收征管力度大	税收征管力度小	税收征管力度大	税收征管力度小
	Abs_Da	Abs_Da	Da<0	Da<0	Da>0	Da>0
B2V×Post	0.010	0.011***	-0.015	-0.009***	0.004	0.002
	(1.03)	(4.64)	(-1.55)	(-3.32)	(0.49)	(0.72)
B2V	-0.005	-0.013***	0.006	0.008***	-0.013**	-0.007***
	(-0.54)	(-6.62)	(0.76)	(5.23)	(-2.15)	(-7.67)
Post	-0.005	-0.006***	0.015***	0.008***	0.007**	0.007***
	(-1.50)	(-5.51)	(3.09)	(6.16)	(2.28)	(6.78)
Size	-0.004***	-0.004***	0.010***	0.010***	0.003**	0.005***
	(-2.62)	(-13.79)	(5.36)	(16.97)	(2.06)	(15.50)
Cfo	-0.173***	-0.209***	-0.537***	-0.541***	-0.777***	-0.839***
	(-4.64)	(-14.48)	(-9.46)	(-37.62)	(-19.28)	(-84.74)
Lev	0.045***	0.058***	-0.066***	-0.067***	0.008	-0.007***
	(5.79)	(37.39)	(-5.15)	(-31.52)	(1.08)	(-3.85)

（续表）

	税收征管力度大	税收征管力度小	税收征管力度大	税收征管力度小	税收征管力度大	税收征管力度小
	Abs_Da	Abs_Da	Da<0	Da<0	Da>0	Da>0
Roa	0.507***	0.522***	0.309***	0.332***	1.233***	1.082***
	(8.60)	(18.56)	(3.65)	(17.95)	(22.47)	(50.43)
Share1	0.000**	0.000***	-0.000*	-0.000	0.000	0.000***
	(2.07)	(2.82)	(-1.67)	(-0.42)	(0.09)	(4.29)
Loss	0.020***	0.036***	-0.036***	-0.043***	-0.002	-0.003*
	(4.22)	(16.99)	(-6.65)	(-23.14)	(-0.40)	(-1.78)
Dissue	0.001	0.001	0.008	0.006**	-0.004	0.004**
	(0.30)	(0.68)	(1.57)	(2.57)	(-0.98)	(2.32)
Board	0.041	-0.006	-0.018	-0.031***	0.025	-0.015***
	(1.44)	(-0.77)	(-0.58)	(-4.21)	(0.84)	(-2.68)
Nature	-0.003	-0.008***	0.002	0.004***	0.002	-0.001
	(-0.93)	(-8.91)	(0.41)	(3.29)	(0.46)	(-1.38)
常数项	0.096***	0.110***	-0.205***	-0.194***	-0.079**	-0.092***
	(2.85)	(15.73)	(-5.54)	(-18.44)	(-2.16)	(-10.58)
Year	控制	控制	控制	控制	控制	控制
N	2 630	4 095	1 198	1 901	1 432	2 233
Adj-R^2	0.096	0.155	0.296	0.358	0.556	0.642

注：***、**和*分别表示1%、5%和10%的显著性水平，括号内为t值。标准误差进行了公司层面cluster处理。

第三节 结论与启示

本研究结合企业重构增值税抵扣链条的行为，从会计信息质量的角度分析了"营改增"的经济后果。本研究选取2009—2013年A股上市公司为研究样

第六章 "营改增"、增值税抵扣链条重构与会计信息质量

本,以 2012 年"营改增"试点区域内交通运输业和部分现代服务业的上市公司为实验组,以不受"营改增"政策影响的其他地区、其他行业的企业为对照组,利用 DID 模型研究发现,与未进行"营改增"的企业相比,试点企业在"营改增"后的盈余管理,尤其是向下盈余管理显著增多。并且,"营改增"的盈余管理效应在增值税抵扣链条重构程度高的企业中更强。但是,当供应商的议价能力强时,试点企业在"营改增"后的向上盈余管理增多。进一步研究外部治理机制对"营改增"盈余管理效应的治理作用发现,"营改增"的盈余管理效应在非上海地区更显著。

上述研究发现从会计信息质量角度拓展了对"营改增"经济后果的理解。研究发现意味着,虽然税负转嫁理论认为,作为价外税的增值税税负可完全转嫁,但是,由于受抵扣链条完整性和有效性的影响,增值税仍会对企业的经营成果产生影响。正如研究者们所指出的,会计理论界对增值税及其对会计信息质量的作用和传导机制仍需进行深入的探究(盖地,2008)。推进增值税会计理论的研究,有助于会计信息更好地反映增值税、增值税负担对企业收入、费用的影响。

本研究的研究贡献在于:第一,为增值税与会计信息质量的关系提供了实证证据。间接税多被认为其税负已经完全转嫁,纳税人只扮演类似"代理人"的角色,以税负转嫁理论为基础的"会税合一"的增值税会计观忽略了增值税对收入、费用和利润的作用,现有文献较少涉及增值税与会计信息质量关系的讨论。第二,从会计信息质量的角度为理解"营改增"的经济后果提供了新的思路和证据。现有关于"营改增"经济后果的研究主要集中在财政收入、居民福利、社会分工、行业税负、企业投融资、企业税负等方面,会计信息质量视角的研究可以增进我们对"营改增"经济后果以及增值税与企业经营成果关系的理解。第三,在结构性减税和供给侧改革背景下,本研究的结论为决策层认识税收政策调整的效果和在企业微观层面的经济后果提供了可借鉴的经验。

第七章　结束语

本书以"营改增"的会计信息效应为主线,以公司治理理论、公司税负的"战略观""会税合一"导向的增值税会计模式为主要理论基础,紧扣"营改增"最重要的特征——弥补和打通增值税抵扣链条,研究"营改增"会计信息效应的相关问题。具体包括:①"营改增"会计信息效应的产生机制和影响因素研究。基于"营改增"对地方政府财政压力和税收收入的影响,从财政补贴和税收征管角度展开研究;基于"营改增"对企业和行业的影响,从产业互联角度展开研究。②企业如何应对"营改增"及其应对行为对会计信息质量的影响研究。对企业重构增值税抵扣链条展开研究,具体涉及企业是否重构增值税抵扣链条应对"营改增"改革,重构增值税抵扣链条是否调整了"营改增"对会计信息质量的作用。

从现有研究文献来看:第一,会计信息对优化资源配置具有重要作用(Chen等,2010;李青原和吴滋润,2022)。关于增值税改革经济后果的讨论较少涉及企业会计行为。微观层面增值税改革政策的传导是联结"营改增"与中观、宏观层面改革效果的重要渠道。现有关于"营改增"经济后果的研究主要集中在财政收入、居民福利、社会分工、行业税负、企业投融资、企业税负等方面。会计信息质量视角的研究将增进我们对"营改增"经济后果以及增值税与企业经营成果关系的理解。第二,现有从增值税改革角度研究会计信息质量的文献基本上关注的是企业所得税对会计信息质量的影响，较少涉及增值税与会计信息质量关系的讨论。实际上，"营改增"改变了企业对收入、费用、利润的核算，它对会计信息质量的影响是值得关注的重要问题。

研究我国增值税改革对会计信息质量的影响有以下因素需要纳入分析框架：第一，不同的产业互联程度下，企业获得的增值税改革红利可能存在差异（李永友和严岑，2018）。第二，企业采取趋利行为以获得更多的增值税改革的益处（田志伟和胡怡建，2014），可能放大或扭曲增值税改革对会计信息质量的影响。第三，现在对增值税转型、"营改增"的研究虽然通过采用DID、RDD等方法，对研究问题给出了较有说服力的解释（例如申广军等，2016；许伟和陈斌开，2016），但是尚需捕捉增值税改革差异性影响企业实体经济效应的作用机制。因此，需要对增值税改革影响企业会计信息质量的作用机制进行相对完整的分析。把能够捕捉差异化影响的研究设计融入DID等模型中，采取应对内生性问题的研究设计和捕捉税负敏感度的指标，深入细致地探究增值税改革对企业实体经济行为的影响和作用机制，这对于丰富和拓展增值税研究、精准实施增值税政策具有重要意义。

对"营改增"的减税效应进行研究，我们发现，"营改增"显著减少了地方政府向企业提供的补贴，造成明显的财政压力。"营改增"对企业补贴产生了挤出效应，企业获得的地方政府财政补贴显著减少，表现为创新补贴、综合补贴明显减少，税收返还未受显著影响。而且，地处行政级别较高城市的企业在"营改增"后获得的补贴明显减少；补贴挤出效应同时显著存在于国有企业和民营企业中，但民营企业尤其是无政治联系的民营企业的补贴在"营改增"后减少得更明显；面临不同财政压力的省份均显著存在补贴挤出效应；"营改增"的补贴挤出效应显著减少了发明专利、实用新型专利的专利申请数量。"营改增"给地方政府带来的财政压力将倒逼地方政府加大税收征管力度。增值税本身的闭环特征和"以票控税"天然地提升了税收征管效率。因此，"营改增"后企业面临的税收征管力度加大。企业会计信息质量在"营改

增值税改革的会计信息效应：基于"营改增"的研究

增"后受税收征管发挥的监督治理作用影响的程度较高。

本书是教育部人文社会科学研究项目"'营改增'的会计信息效应及对策研究"（16YJC790005）的研究成果。在该项目课题的研究过程中，阶段性的研究成果从会计信息含量这一维度研究"营改增"这一法律外治理机制能否显著提升企业的会计信息质量。该阶段性研究成果以 A 股上市公司为研究对象，使用盈余反应系数捕捉企业的会计信息含量（Lundholm 和 Myers，2002），研究发现，"营改增"后企业的盈余反应系数显著为正，表明"营改增"提高了会计信息含量。而且，相较于上海地区企业，非上海地区企业在"营改增"后税收征管效率的提升更为明显，会计信息含量的提高更为明显。因为"营改增"前后上海市的税收征管机构并未发生变化，所以有研究选择以上海市和非上海市作为地区税收征管差异的衡量指标，发现非上海地区的企业的会计信息透明度在"营改增"后提升得更多，表明"营改增"发挥了税制的监督治理作用（陈奕帆，2020）。

产业互联程度刻画了上下游企业之间的关联程度。上游企业的收入是下游企业的成本费用，产业互联有助于使企业私有的收入、成本费用信息变为具有半公共品特征的行业信息。"营改增"作为重要的税制改革，打通了企业上下游的增值税抵扣链条，提高了企业上下游之间的信息依存程度以及企业之间的信息共享和揭示程度。那么，产业互联能否提升企业会计信息质量，"营改增"能否对产业互联与会计信息质量之间的关系产生调节作用，本研究也对这些问题进行了研究。以 2010—2014 年 A 股上市公司为研究对象，研究发现：企业间产业互联程度越高，企业的应计盈余管理和真实盈余管理越受到抑制。"营改增"通过打通增值税抵扣链条提升产业互联程度增强了产业互联对盈余管理的抑制作用。企业的需求弹性越小，"营改增"越能增强产业互联对盈余管理的抑制作用。这些研究发现不受企业产权性质、外部审计、机构投资者持股比例等因素影响。这些研究发现还从产业互联的角度揭示了供应链信息共享功能对会计信息质量具有治理作用，产业互联作为联结增值税改革与会计信息质量的作用渠道，为理解增值税与盈余管理的关系提供了一个解释。

"营改增"政策实施后，企业将原来自营的中间投入品分离出去，以从上游关联企业购进的方式获得内部交易的价格优势以及增值税进项税额抵扣的减税效应，同时产业分工与协作会带来税收成本的降低。因此，企业尤其是中间投入品能获得较高进项税额抵扣的企业，可能在"营改增"试点后进行分拆重组。为研究企业如何应对"营改增"，我们依托专业化分工理论，研究企业是否通过重组的方式重构增值税抵扣链条。我们以2010—2015年A股上市公司作为研究样本，使用多时点DID模型检验了企业关联方数量在2012—2013年"营改增"政策实施后的变化。结果表明，"营改增"后，实验组企业通过分拆重组形成了更多的关联企业，并且企业与上游缴纳增值税的行业之间的产业互联程度越高，"营改增"的分拆重组效应越强。对经济后果的研究发现，"营改增"后，企业通过重组使关联方数量增加后整体流转税税负显著下降，表明"营改增"后关联企业数量的增加是企业为降低流转税税负作出的针对性决策。本研究采用了包括PSM在内的一系列方法验证了结果的稳健性。我们的研究发现也表明企业顺应增值税改革趋势进行分拆重组、实现专业化分工会受到上游行业增值税税率的影响，多档税率的存在使得增值税改革对不同行业和企业的调控能力存在差异。

在此基础上，本研究结合企业重构增值税抵扣链条的行为，研究"营改增"作用于盈余管理的机制和影响因素。我们选取2009—2013年A股上市公司为研究样本，以2012年"营改增"试点区域内交通运输业和部分现代服务业的上市公司为实验组，以不受"营改增"政策影响的其他地区、其他行业的企业为对照组，利用DID模型研究发现，与未进行"营改增"的企业相比，试点企业在"营改增"后的盈余管理尤其是向下的盈余管理显著增多。并且，"营改增"的盈余管理效应在增值税抵扣链条重构程度高的企业中更显著。但是，当供应商的议价能力强时，试点企业在"营改增"后的向上盈余管理增多。我们进一步研究了外部治理机制对"营改增"盈余管理效应的治理作用，

增值税改革的会计信息效应:基于"营改增"的研究

发现"营改增"的盈余管理效应在非上海地区更显著。上述研究发现从会计信息质量角度拓展了对"营改增"经济后果的理解。综上所述,本书将财政压力、税收征管、产业互联、增值税抵扣链条作为理解"营改增"作用于企业会计信息质量的渠道,得到多维度的研究发现。这些研究发现在丰富和拓展增值税改革的经济后果研究、税与企业会计信息质量研究的同时,也加深了我们对增值税偏离"税收中性"影响因素的理解。这些研究发现表明,虽然"营改增"已经在税收政策层面弥补和打通了增值税抵扣链条,但是企业仍受税收征管力度、所处行业的产业互联程度、企业重构增值税抵扣链条的能力等的影响,"营改增"对企业的会计信息质量产生了影响。

未来可在以下方面推进增值税与会计信息质量的相关研究:第一,税负下降对增值税的会计信息效应的作用和效果。增值税改革缓解甚至消除了重复征税的情况,在某种程度上降低了由企业承担的流转税税负。公司税负的战略观认为,公司税负受到一系列因素的影响(Hanlon 和 Heitzman,2010;Scholes 等,1992)。增值税至少可从以下几方面影响企业所得税负担:其一,所得税前扣除额发生改变。作为价外税,增值税无法税前扣除。其二,进项税额使企业利润受中间投入品的影响程度上升。其三,企业由于债务契约、薪酬契约压力实施盈余管理(Watts 和 Zimmerman,1986;李增福等,2011b)。税负下降有助于改善企业盈利指标和现金流量(Shevlin 等,2013),缓解企业契约压力,降低盈余管理程度。第二,"会税合一"导向的增值税会计模式的影响作用和影响因素。目前,增值税在会计处理上遵循税负转嫁理论,以"会税合一"导向为特点。税负转嫁理论认为,虽然纳税人就其应税交易缴纳增值税,但纳税人在生产经营每一阶段所缴的税款最终将全部转嫁到消费者所支付的价格中,并在销售时从消费者那里得到补偿。因此,在目前的增值税会计处理中,增值税不表现为费用,与企业净利润的计算无关。但实际上,增值税税负转嫁取决于商品的供给弹性和需求弹性。因此,"会税合一"下的增值税会计处理未能反映企业实际承担的增值税负担,对会计信息质量有如下不利影响:

一是无法完整地传递增值税对当期损益的影响。二是资产、负债、收入、费用、利润等概念偏离了财务会计概念框架，降低了会计信息的可理解性。三是应交增值税中已交税金和本期增值税税负的差异造成增值税的现金流预算与实际相差较大（盖地，2008；盖地和胡国强，2012）。由于会计准则与税法的目标存在实质性的不同，我国自1998年开启会计准则与税法的分离。历经2001年、2006年、2014年对会计准则的多次修订和国际趋同，会计准则与税法的分离（企业所得税会计的资产负债表债务法就是一个例证）提高了会计信息的可比性、透明度和决策有用性（Chan等，2010）。"营改增"后，"会税合一"增值税会计处理将覆盖全部流转环节，可能会扩大增值税会计处理对会计信息质量影响的范围。

此外，还可关注内部控制、内外部多维公司治理机制等对"营改增"负面会计信息效应的改善。同时，还可思考和构建"会税适度分离"的增值税会计模式。

参考文献

白云霞，唐伟正，刘刚，2019. 税收计划与企业税负 [J]. 经济研究，54（5）：98-112.

蔡春，黄益建，赵莎，2005. 关于审计质量对盈余管理影响的实证研究：来自沪市制造业的经验证据 [J]. 审计研究（2）：3-10.

蔡春，谢柳芳，马可哪呐，2015. 高管审计背景、盈余管理与异常审计收费 [J]. 会计研究（3）：72-78.

曹书军，刘星，张婉君，2009. 财政分权、地方政府竞争与上市公司实际税负 [J]. 世界经济（4）：69-83.

曹越，李晶，2016. "营改增"是否降低了流转税税负：来自中国上市公司的证据 [J]. 财贸经济（11）：62-76.

陈冬，孔墨奇，王红建，2016. 投我以桃，报之以李：经济周期与国企避税 [J]. 管理世界（5）：46-63.

陈冬，唐建新，2012. 高管薪酬、避税寻租与会计信息披露 [J]. 经济管理，34（5）：114-122.

陈冬，唐建新，2013. 机构投资者持股、避税寻租与企业价值 [J]. 经济评论（6）：133-143.

陈林，朱卫平，2008. 出口退税和创新补贴政策效应研究 [J]. 经济研究，43（11）：74-87.

陈晓，李静，2001. 地方政府财政行为在提升上市公司业绩中的作用探析 [J]. 会计研究（12）：20-28.

陈晓光，2013. 增值税有效税率差异与效率损失：兼议对"营改增"的启示 [J]. 中国社会科学（8）：67-84.

陈烨，张欣，寇恩惠，等，2010. 增值税转型对就业负面影响的CGE模拟分析 [J]. 经济研究，45（9）：29-42.

陈奕帆，2020."营改增"能提高会计信息含量吗[D].武汉：武汉大学.

陈钊，王旸，2016."营改增"是否促进了分工：来自中国上市公司的证据[J].管理世界（3）：36-45.

崔云，唐雪松，2015.审计师法律责任风险关注度与真实盈余管理行为[J].审计研究（6）：60-69.

邓伟，2011.国有经济、行政级别与中国城市的收入差距[J].经济科学（2）：19-30.

杜莉，刘念，蔡至欣，2019.金融业营改增的减税效应：基于行业关联的视角[J].税务研究（5）：34-41.

樊勇，李昊楠，2020.税收征管、纳税遵从与税收优惠：对金税三期工程的政策效应评估[J].财贸经济，41（5）：51-66.

范经华，张雅曼，刘启亮，2013.内部控制、审计师行业专长、应计与真实盈余管理[J].会计研究（4）：81-88.

范蕊，余明桂，陈冬，2020.降低企业税率是否能够促进企业创新[J].中南财经政法大学学报（4）：74-84.

范子英，彭飞，2017."营改增"的减税效应和分工效应：基于产业互联的视角[J].经济研究，52（2）：82-95.

范子英，田彬彬，2013.税收竞争、税收执法与企业避税[J].经济研究，48（9）：99-111.

盖地，2008.增值税会计：税法导向还是财税分离[J].会计研究（6）：46-53.

盖地，胡国强，2012.税收规避与财务报告成本的权衡研究：来自中国2008年所得税改革的证据[J].会计研究（3）：20-25.

甘犁，秦芳，吴雨，2019.小微企业增值税起征点提高实施效果评估：来自中国小微企业调查（CMES）数据的分析[J].管理世界（11）：80-88.

高培勇，2008.加快增值税转型全面推开的进程[J].中国财政（1）：67.

高培勇，2013."营改增"的功能定位与前行脉络[J].税务研究（7）：3-10.

高培勇，2018.中国财税改革40年：基本轨迹、基本经验和基本规律[J].经济研究，53（3）：4-20.

耿强，江飞涛，傅坦，2011.政策性补贴、产能过剩与中国的经济波动：引入产能利用率RBC模型的实证检验[J].中国工业经济（5）：27-36.

郭均英，刘慕岚，2015."营改增"对企业经济后果影响研究：以上海市首批实行"营改增"上市公司为例［J］.财政研究（4）：92-95.

郭庆旺，2019.减税降费的潜在财政影响与风险防范［J］.管理世界（6）：1-10.

韩剑，郑秋玲，2014.政府干预如何导致地区资源错配：基于行业内和行业间错配的分解［J］.中国工业经济（11）：69-81.

胡怡建，李天祥，2011.增值税扩围改革的收入影响分析：基于投入产出表的模拟估算［J］.财政研究（9）：18-22.

黄海杰，吕长江，丁慧，2016.独立董事声誉与盈余质量：会计专业独董的视角［J］.管理世界（3）：128-143.

黄梓洋，2003.企业分立：可实现增值税筹划［J］.福建税务（9）：23-24.

江艇，孙鲲鹏，聂辉华，2018.城市级别、全要素生产率和资源错配［J］.管理世界（3）：38-50.

姜明耀，2011.增值税"扩围"改革对行业税负的影响：基于投入产出表的分析［J］.中央财经大学学报（2）：11-16.

蒋为，2016.增值税扭曲、生产率分布与资源误置［J］.世界经济，39（5）：54-77.

孔东民，刘莎莎，王亚男，2013.市场竞争、产权与政府补贴［J］.经济研究（2）：55-67.

李成，张玉霞，2015.中国"营改增"改革的政策效应：基于双重差分模型的检验［J］.财政研究（2）：44-49.

李丹，王丹，2016.供应链客户信息对公司信息环境的影响研究：基于股价同步性的分析［J］.金融研究（12）：191-206.

李林木，汪冲，2017.税费负担、创新能力与企业升级：来自"新三板"挂牌公司的经验证据［J］.经济研究，52（11）：119-134.

李梦娟，2013."营改增"试点行业税负变动的制约因素探析［J］.税务研究（1）：47-50.

李培功，沈艺峰，2010.媒体的公司治理作用：中国的经验证据［J］.经济研究，45（4）：14-27.

李青原，吴滋润，2022.资本账户开放与资源配置效率：来自跨国样本的经验证据［J］.中国工业经济（8）：82-98.

李万福，陈晖丽，2012.内部控制与公司实际税负［J］.金融研究（9）：195-206.

李维安，郝臣，崔光耀，等，2019.公司治理研究40年：脉络与展望［J］.外国经济与管理(12): 161-185.

李维安, 徐业坤, 2013. 政治身份的避税效应 [J]. 金融研究 (3): 114-129.

李艳, 杨婉昕, 陈斌开, 2020. 税收征管、税负水平与税负公平 [J]. 中国工业经济 (11): 24-41.

李永友, 严岑, 2018. 服务业"营改增"能带动制造业升级吗 [J]. 经济研究, 53 (4): 18-31.

李增福, 董志强, 连玉君, 2011a. 应计项目盈余管理还是真实活动盈余管理: 基于我国2007年所得税改革的研究 [J]. 管理世界 (1): 121-134.

李增福, 曾庆意, 魏下海, 2011b. 债务契约、控制人性质与盈余管理 [J]. 经济评论 (6): 88-96.

梁若冰, 叶一帆, 2016. 营改增对企业间贸易的影响: 兼论试点的贸易转移效应 [J]. 财政研究 (2): 52-64.

林毅夫, 李志赟, 2004. 政策性负担、道德风险与预算软约束 [J]. 经济研究 (2): 17-27.

刘柏, 王馨竹, 2017. "营改增"对现代服务业企业的财务效应: 基于双重差分模型的检验 [J]. 会计研究 (10): 11-17.

刘柏惠, 2015. 增值税改革物价效应的度量和预测: 基于投入产出表的分析 [J]. 财贸经济 (10): 59-72.

刘柏惠, 寇恩惠, 杨龙见, 2019. 增值税多档税率、资源误置与全要素生产率损失 [J]. 经济研究, 54 (5): 113-128.

刘成杰, 张甲鹏, 2015. "营改增"对国内就业影响的再认识 [J]. 税务研究 (6): 66-71.

刘代民, 张碧琼, 2015. "营改增"对商业银行税负的影响分析 [J]. 税务研究 (5): 107-112.

刘海洋, 孔祥贞, 马靖, 2012. 补贴扭曲了中国工业企业的购买行为吗: 基于讨价还价理论的分析 [J]. 管理世界 (10): 119-129.

刘和祥, 诸葛续亮, 2015. 重构增值税分享比例 解决地方财政失衡问题 [J]. 税务研究 (6): 72-75.

刘建民, 唐红李, 吴金光, 2017. 营改增全面实施对企业盈利能力、投资与专业化分工的影响效应: 基于湖南省上市公司PSM-DID模型的分析 [J]. 财政研究 (12): 75-88.

刘璟, 袁诚, 2012. 增值税转型改变了企业的雇佣行为吗: 对东北增值税转型试点的经验分析 [J]. 经济科学 (1): 103-114.

刘骏, 刘峰, 2014. 财政集权、政府控制与企业税负: 来自中国的证据 [J]. 会计研究 (1):

21-27.

刘启亮,陈冬,唐建新,2010. IFRS 强制采用与盈余操纵:来自 2006 年亏损上市公司的经验证据 [J]. 经济管理,32(6):119-128.

刘溶沧,马拴友,2002. 论税收与经济增长:对中国劳动、资本和消费征税的效应分析 [J]. 中国社会科学(1):67-76.

刘行,叶康涛,2014. 金融发展、产权与企业税负 [J]. 管理世界(3):41-52.

刘行,叶康涛,2018. 增值税税率对企业价值的影响:来自股票市场反应的证据 [J]. 管理世界,34(11):12-24.

刘行,叶康涛,陆正飞,2019. 加速折旧政策与企业投资:基于"准自然实验"的经验证据 [J]. 经济学(季刊),18(1):213-234.

刘怡,聂海峰,2009. 增值税和营业税对收入分配的不同影响研究 [J]. 财贸经济(6):63-68.

刘忠,李殷,2019. 税收征管、企业避税与企业全要素生产率:基于 2002 年企业所得税分享改革的自然实验 [J]. 财贸经济,40(7):5-19.

柳庆刚,姚洋,2012. 地方政府竞争和结构失衡 [J]. 世界经济(12):3-22.

卢洪友,王云霄,祁毓,2016. "营改增"的财政体制影响效应研究 [J]. 经济社会体制比较(3):71-83.

卢盛峰,陈思霞,2016. 政策偏袒的经济收益:来自中国工业企业出口的证据 [J]. 金融研究(7):33-47.

罗党论,唐清泉,2009. 中国民营上市公司制度环境与绩效问题研究 [J]. 经济研究,44(2):106-118.

马双,吴夕,卢斌,2019. 政府减税、企业税负与企业活力研究:来自增值税转型改革的证据 [J]. 经济学(季刊),18(2):483-504.

毛德凤,刘华,2017. 营改增对企业纳税遵从的影响 [J]. 税务研究(7):18-24.

倪红福,龚六堂,王茜萌,2016. "营改增"的价格效应和收入分配效应 [J]. 中国工业经济(12):23-39.

倪婷婷,王跃堂,2016. 增值税转型、集团控制与企业投资 [J]. 金融研究(1):160-175.

聂海峰,刘怡,2009. 增值税转型对收入分配的影响 [J]. 税务研究(8):44-47.

聂辉华,方明月,李涛,2009. 增值税转型对企业行为和绩效的影响:以东北地区为例 [J].

管理世界（5）：17-24.

宁家耀，李军，田斌，2012.省以下财政分权与政府间关系：兼论"省直管县"[J].地方财政研究（2）：30-36.

牛霖琳，洪智武，陈国进，2016.地方政府债务隐忧及其风险传导：基于国债收益率与城投债利差的分析[J].经济研究，51（11）：83-95.

潘文轩，2012.增值税扩围改革有助于减轻服务业税负吗：基于投入产出表的分析[J].经济与管理，26（2）：51-54.

潘越，王宇光，戴亦一，2013.税收征管、政企关系与上市公司债务融资[J].中国工业经济（8）：109-121.

彭飞，许文立，范美婷，2018."营改增"对城市发展的影响及其作用机制研究[J].财政研究（3）：99-111.

平新乔，梁爽，郝朝艳，等，2009.增值税与营业税的福利效应研究[J].经济研究（9）：66-80.

乔睿蕾，陈良华，2017.税负转嫁能力对"营改增"政策效应的影响：基于现金—现金流敏感性视角的检验[J].中国工业经济（6）：117-135.

申广军，陈斌开，杨汝岱，2016.减税能否提振中国经济：基于中国增值税改革的实证研究[J].经济研究，51（11）：70-82.

沈之钎，2018.营改增与七匹狼集团专业化分工案例研究[D].武汉：武汉大学.

苏国灿，童锦治，魏志华，等，2020.中国间接税税负归宿的测算：模型与实证[J].经济研究，55（11）：84-100.

孙秀林，周飞舟，2013.土地财政与分税制：一个实证解释[J].中国社会科学（4）：40-59.

孙正，2017.流转税改革促进了产业结构演进升级吗：基于"营改增"视角的PVAR模型分析[J].财经研究（2）：70-84.

谭崇钧，杨默如，2013.中国近中期税制结构分析：坚持以增值税为本[J].财政研究（2）：51-53.

唐清泉，罗党论，2007.政府补贴动机及其效果的实证研究：来自中国上市公司的经验证据[J].金融研究（6）：149-163.

唐跃军，2009.供应商、经销商议价能力与公司业绩：来自2005—2007年中国制造业上市公司的经验证据[J].中国工业经济（10）：67-76.

田彬彬,范子英,2018.征纳合谋、寻租与企业逃税 [J].经济研究,53 (5):118-131.

田彬彬,陶东杰,李文健,2020.税收任务、策略性征管与企业实际税负 [J].经济研究,55 (8):121-136.

田志伟,胡怡建,2014."营改增"对财政经济的动态影响:基于CGE模型的分析 [J].财经研究,40 (2):4-18.

童锦治,苏国灿,魏志华,2015."营改增"、企业议价能力与企业实际流转税税负:基于中国上市公司的实证研究 [J].财贸经济 (11):14-26.

瓦茨,齐默尔曼,2012.实证会计理论 [M].陈少华,黄世忠,陈光,等,译.大连:东北财经大学出版社.

万华林,朱凯,陈信元,2012.税制改革与公司投资价值相关性 [J].经济研究 (3):65-75.

汪昊,2016."营改增"减税的收入分配效应 [J].财政研究 (10):85-100.

王桂军,曹平,2018."营改增"对制造业企业自主创新的影响:兼议制造业企业的技术引进 [J].财经研究,44 (3):4-19.

王红建,李青原,邢斐,2014.金融危机、政府补贴与盈余操纵:来自中国上市公司的经验证据 [J].管理世界 (7):157-167.

王健,吴群,彭山桂,等,2017."营改增"是否影响了地方政府土地财政收入 [J].财贸研究,28 (12):82-94.

王亮亮,2014.税制改革与利润跨期转移:基于"账税差异"的检验 [J].管理世界 (11):105-118.

王亮亮,2016a.金融危机冲击、融资约束与公司避税 [J].南开管理评论,19 (1):155-168.

王亮亮,2016b.研发支出资本化或费用化:税收视角的解释 [J].会计研究 (9):17-24.

王亮亮,王娜,2015.税制改革、工资跨期转移与公司价值 [J].管理世界 (11):145-160.

王亮亮,王跃堂,2015.企业研发投入与资本结构选择:基于非债务税盾视角的分析 [J].中国工业经济 (11):125-140.

王文甫,明娟,岳超云,2014.企业规模、地方政府干预与产能过剩 [J].管理世界 (10):17-36.

王新红,云佳,2014.营改增对交通运输业上市公司流转类税负及业绩的影响研究 [J].税务与经济 (6):76-82.

王雄元，彭旋，2016. 稳定客户提高了分析师对企业盈余预测的准确性吗［J］. 金融研究（5）：156-172.

王雪平，2020. 税收执法提升了企业财务报告质量吗：基于"金税工程三期"的准自然实验［J］. 贵州财经大学学报（3）：49-60.

王永进，盛丹，李坤望，2017. 中国企业成长中的规模分布：基于大企业的研究［J］. 中国社会科学（3）：26-47.

王玉兰，李雅坤，2014."营改增"对交通运输业税负及盈利水平影响研究：以沪市上市公司为例［J］. 财政研究（5）：41-45.

王跃堂，倪婷婷，2015. 增值税转型、产权特征与企业劳动力需求［J］. 管理科学学报（4）：18-37.

王跃堂，王国俊，彭洋，2012. 控制权性质影响税收敏感性吗：基于企业劳动力需求的检验［J］. 经济研究，47（4）：52-63.

王跃堂，王亮亮，贡彩萍，2009. 所得税改革、盈余管理及其经济后果［J］. 经济研究（3）：86-98.

王跃堂，王亮亮，彭洋，2010. 产权性质、债务税盾与资本结构［J］. 经济研究，45（9）：122-136.

魏明海，衣昭颖，李晶晶，2018. 中国情境下供应链中客户盈余信息传递效应影响因素研究［J］. 会计研究（6）：19-25.

吴联生，2009. 国有股权、税收优惠与公司税负［J］. 经济研究（10）：109-120.

吴联生，李辰，2007."先征后返"、公司税负与税收政策的有效性［J］. 中国社会科学（4）：61-73.

吴文锋，吴冲锋，芮萌，2009. 中国上市公司高管的政府背景与税收优惠［J］. 管理世界（3）：134-142.

吴怡俐，吕长江，倪晨凯，2021. 增值税的税收中性、企业投资和企业价值：基于"留抵退税"改革的研究［J］. 管理世界，37（8）：180-194.

肖皓，赵玉龙，祝树金，2014. 金融业"营改增"福利效应的动态一般均衡分析［J］. 系统工程理论与实践，34（S1）：75-82.

许敬轩，王小龙，何振，2019. 多维绩效考核、中国式政府竞争与地方税收征管［J］. 经济研究，54（4）：33-48.

许伟,陈斌开,2016.税收激励和企业投资:基于2004—2009年增值税转型的自然实验[J].管理世界(5):9-17.

薛云奎,白云霞,2008.国家所有权、冗余雇员与公司业绩[J].管理世界(10):96-105.

严成樑,龚六堂,2009.财政支出、税收与长期经济增长[J].经济研究,44(6):4-15.

严成樑,胡志国,2013.创新驱动、税收扭曲与长期经济增长[J].经济研究,48(12):55-67.

杨斌,林信达,胡文骏,2015.中国金融业"营改增"路径的现实选择[J].财贸经济(6):5-17.

杨默如,2010.物流劳务改征增值税问题研究及政策建议[J].财政研究(4):18-20.

杨玉萍,郭小东,2017.营改增如何影响居民间接税负担和收入再分配[J].财贸经济,38(8):5-19.

叶康涛,刘行,2011.税收征管、所得税成本与盈余管理[J].管理世界(5):140-148.

尹音频,魏彧,张敏洁,2017.保险业营改增的产业波及效应分析:基于投入产出法的测算[J].税务研究(11):60-64.

游家兴,张俊生,江伟,2007.制度建设、公司特质信息与股价波动的同步性:基于R^2研究的视角[J].经济学(季刊)(1):189-206.

于文超,殷华,梁平汉,2018.税收征管、财政压力与企业融资约束[J].中国工业经济(1):100-118.

余明桂,回雅甫,潘红波,2010.政治联系、寻租与地方政府财政补贴有效性[J].经济研究,45(3):65-77.

袁从帅,刘晔,王治华,等,2015."营改增"对企业投资、研发及劳动雇佣的影响:基于中国上市公司双重差分模型的分析[J].中国经济问题(4):3-13.

袁建国,胡明生,唐庆,2018.营改增对企业技术创新的激励效应[J].税务研究(3):44-50.

袁业虎,耿海利,2017.营改增对金融业的影响及其发展机遇分析[J].税务研究(7):30-33.

岳树民,肖春明,2017.营改增是否促进了商业信用融资:基于上市公司的证据[J].税务研究(7):11-18.

曾亚敏,张俊生,2009.税收征管能够发挥公司治理功用吗[J].管理世界(3):143-151.

张克中,欧阳洁,李文健,2020.缘何"减税难降负":信息技术、征税能力与企业逃税[J].经济研究,55(3):116-132.

张伦伦,2016.营改增减收效应的政府间分布特征[J].税务研究(12):20-24.

张牧扬,潘妍,范莹莹,2022.减税政策与地方政府债务:来自增值税税率下调的证据[J].经济研究,57(3):118-135.

张璇,张计宝,闫续文,等,2019."营改增"与企业创新:基于企业税负的视角[J].财政研究(3):63-78.

赵方,袁超文,2016."营改增"对各行业税负的影响效应:基于投入产出表的分析[J].上海经济研究(11):31-35.

赵景文,许育瑜,2012.两税合并、税收筹划与盈余管理方式选择[J].财经研究(1):135-144.

赵文哲,杨继东,2015.地方政府财政缺口与土地出让方式:基于地方政府与国有企业互利行为的解释[J].管理世界(4):11-24.

郑红霞,韩梅芳,2008.基于不同股权结构的上市公司税收筹划行为研究:来自中国国有上市公司和民营上市公司的经验证据[J].中国软科学(9):122-131.

郑志刚,2007.法律外制度的公司治理角色:一个文献综述[J].管理世界(9):136-147.

周黎安,吴敏,2015.省以下多级政府间的税收分成:特征事实与解释[J].金融研究(10):64-80.

周亚虹,蒲余路,陈诗一,等,2015.政府扶持与新型产业发展:以新能源为例[J].经济研究,50(6):147-161.

邹洋,吴楚石,刘浩文,等,2019.营改增、企业研发投入与企业创新产出:基于科技服务业上市公司的实证研究[J].税务研究(7):83-88.

ADHIKARI A, DERASHID C, ZHANG H, 2006. Public policy, political connections, and effective tax rates: longitudinal evidence from Malaysia[J]. Journal of accounting and public policy, 25(5): 574-595.

ALI A, HWANG L, 2000. Country-specific factors related to financial reporting and the value relevance of accounting data[J]. Journal of accounting research, 38(1): 1-21.

ALI M, SHIFA A, SHIMELES A, et al, 2015. Information technology and fiscal capacity in a developing country: evidence from Ethiopia[R]. Working paper.

参考文献

ALLINGHAM M G, SANDMO A, 1972. Income tax evasion: a theoretical analysis [J]. Journal of public economics, 1 (3/4): 323-338.

ALSTADSÆTER A, JACOB M, MICHAELY R, 2015. Do dividend taxes affect corporate investment [J]. Journal of public economics, 151: 74-83.

AMIR E, SOUGIANNIS T, 1999. Analysts' interpretation and investors' valuation of tax carryforwards [J]. Contemporary accounting research, 16 (1): 1-33.

ANDERSON R C, MANSI S A, REEB D M, 2004. Board characteristics, accounting report integrity, and the cost of debt [J]. Journal of accounting and economics, 37 (3): 315-342.

ANGELOPOULOS K, ECONOMIDES G, KAMMAS P, 2007. Tax-spending policies and economic growth: theoretical predictions and evidence from the OECD [J]. European journal of political economy, 23 (4): 885-902.

ARENA M P, KUTNER G W, 2015. Territorial tax system reform and corporate financial policies [J]. The review of financial studies, 28 (8): 2250-2280.

ARMSTRONG C S, BLOUIN J L, JAGOLINER A D, et al, 2015. Corporate governance, incentive, and tax avoidance [J]. Journal of accounting and economics, 60 (1): 1-17.

ARMSTRONG C S, BLOUIN J L, LARCKER D F, 2012. The incentives for tax planning [J]. Journal of accounting and economics, 53 (1/2): 391-411.

ARNOLD J M, BRYS B, HEADY C, et al, 2011. Tax policy for economic recovery and growth [J]. The economic journal, 121 (550): 59-80.

ASATRYAN Z, PEICHL A, 2016. Responses of firms to tax, administrative and accounting rules: evidence from Armenia [R]. SSRN working paper.

ATWOOD T J, DRAKE M S, MYERS J N, et al, 2010. Do earnings reported under IFRS tell us more about future earnings and cash flows [J]. Journal of accounting and public policy, 30 (2): 103-121.

ATWOOD T J, DRAKE M S, MYERS J N, et al, 2012. Home country tax system characteristics and corporate tax avoidance: international evidence [J]. The accounting review, 87 (6): 1831-1860.

AYDIN U, 2007. Promoting industries in the global economy: subsidies in the OECD countries, 1989 to 1995 [J]. Journal of European public policy, 14 (1): 115-131.

AYERS B C, LAPLANTE S K, MCGUIRE S T, 2010. Credit ratings and taxes: the effect of book-tax differences on ratings changes [J]. Contemporary accounting research, 27 (2): 359-402.

BADERTSCHER B A, KATZ S P, REGO S O, 2013. The separation of ownership and control and corporate tax avoidance [J]. Journal of accounting and economics, 56 (2/3): 228-250.

BADERTSCHER B A, PHILLIPS J D, PINCUS M, et al, 2009. Earnings management strategies and the trade-off between tax benefits and detection risk: to conform or not to conform [J]. The accounting review, 84 (1): 63-97.

BALAFOUTAS L, BECK A, KERSCHBAMER R, et al, 2015. The hidden costs of tax evasion: collaborative tax evasion in markets for expert services [J]. Journal of public economics, 129 (3): 14-25.

BALAKRISHNAN K, BLOUIN J L, GUAY W R, 2012. Does tax aggressiveness reduce corporate transparency [R]. SSRN working paper.

BALAKRISHNAN K, BLOUIN J L, GUAY W R, 2019. Tax aggressiveness and corporate transparency [J]. The accounting review, 94 (1): 45-69.

BALL R, SHIVAKUMAR L, 2005. Earnings quality in UK private firms: comparative loss recognition timeliness [J]. Journal of accounting and economics, 39 (1): 83-128.

BARRO R J, 1990. Government spending in a simple model of endogenous growth [J]. Journal of political economy, 98 (5): 103-125.

BARTH M E, LANDSMAN W R, LANG M H, 2008. International accounting standards and accounting quality [J]. Journal of accounting research, 46 (3): 467-498.

BEATTY A, CHAMBERLAIN S L, MAGLIOLO J, 1995. Managing financial reports of commercial-banks: the influence of taxes, regulatory capital, and earnings [J]. Journal of accounting research, 33 (2): 231-261.

BECK P J, LISOWSKY P, 2014. Tax uncertainty and voluntary real-time tax audits [J]. The accounting review, 89 (3): 867-901.

BECK T, LIN C, MA Y, 2014. Why do firms evade taxes? the role of information sharing and financial sector outreach [J]. The journal of finance, 69 (2): 763-817.

BECKER B, JACOB M, JACOB M, 2013. Payout taxes and the allocation of investment [J]. Journal of financial economics, 107 (1): 1-24.

BERTRAND M, MULLAINATHAN S, 2003. Enjoying the quiet life? corporate governance and managerial preferences [J]. Journal of political economy, 111 (5): 1043-1075.

BINSBERGEN J H, GRAHAM J R, YANG J, 2010. The cost of debt [J]. The journal of finance, 65 (6): 2089-2136.

BLAYLOCK B, GAERTNER F, SHEVLIN T, 2015. The association between book-tax conformity and earnings management [J]. Review of accounting studies, 20 (1): 141-172.

BLOOM N, GRIFFITH R, VAN REENEN J, 2002. Do R&D tax credits work? evidence from a panel of countries 1979-1997 [J]. Journal of public economics, 85 (1): 1-31.

BOOTH L, AIVAZIAN V, DEMIRGUC-KUNT A, et al, 2001. Capital structures in developing countries [J]. The journal of finance, 56 (1): 87-130.

BOWEN R M, DUCHARME L, SHORES D, 1995. Stakeholders' implicit claims and accounting method choice [J]. Journal of accounting and economics, 20 (3): 255-295.

BOYNTON C E, DOBBINS P S, PLESKO G A, 1992. Earnings management and the corporate alternative minimum tax [J]. Journal of accounting research, 30: 131-153.

BRADSHAW M, LIAO G, MA M, 2019. Agency costs and tax planning when the government is a major shareholder [J]. Journal of accounting and economics, 67 (2/3): 255-277.

BROWN J L, DRAKE K D, 2014. Network ties among low-tax firms [J]. The accounting review, 89 (2): 483-510.

BRÜHNE A I, JACOB M, 2019. Corporate tax avoidance and the real effects of taxation: a review [R]. SSRN working paper.

BUSHEE B J, CORE J E, GUAY W, et al, 2010. The role of the business press as an information intermediary [J]. Journal of accounting research, 48 (1): 1-19.

BYE B, STRØM B, ÅVITSLAND T, 2012. Welfare effects of VAT reforms: a general equilibrium analysis [J]. International tax and public finance, 19 (3): 368-392.

CAI H, LIU Q, 2009. Competition and corporate tax avoidance: evidence from Chinese industrial firms [J]. The economic journal, 119 (537): 764-795.

CAI J, HARRISON A E, 2011. The value-added tax reform puzzle [R]. NBER working papers 17532.

增值税改革的会计信息效应：基于"营改增"的研究

CAO X, WANG Y, ZHOU S, 2018. Anti-corruption campaigns and corporate information release in China [J]. Journal of corporate finance, 49: 186-203.

CHAN K H, LIN K Z, MO P L L, 2010. Will a departure from tax-based accounting encourage tax noncompliance? archival evidence from a transition economy [J]. Journal of accounting and economics, 50 (1): 58-73.

CHAN K H, MO P L L, ZHOU A Y, 2013. Government ownership, corporate governance and tax aggressiveness: evidence from China [J]. Accounting & finance, 53 (4): 1029-1051.

CHANG X, DASGUPTA S, HILARY G, 2009. The effect of auditor quality on financing decisions [J]. The accounting review, 84 (4): 1085-1117.

CHE J H, 2002. Rent seeking and government ownership of firms: an application to China's township-village enterprises [J]. Journal of comparative economics, 30 (4): 787-811.

CHEN H, CHEN J Z, LOBO G J, et al, 2011. Effects of audit quality on earnings management and cost of equity capital: evidence from China [J]. Contemporary accounting research, 28 (3): 892-925.

CHEN H-L, GUO R-J, 2005. On corporate divestiture [J]. Review of quantitative finance and accounting, 24 (4): 399-421.

CHEN I J, PAULRAJ A, 2004. Towards a theory of supply chain management: the constructs and measurements [J]. Journal of operations management, 22 (2): 119-150.

CHEN K-P, CHU C Y C, 2005. Internal control versus external manipulation: a model of corporate income tax evasion [J]. The RAND journal of economics, 36 (1): 151-164.

CHEN S, CHEN X, CHENG Q, et al, 2010. Are family firms more tax aggressive than non-family firms [J]. Journal of financial economics, 95 (1): 41-61.

CHEN S X, 2017. The effect of a fiscal squeeze on tax enforcement: evidence from a natural experiment in China [J]. Journal of public economics, 147: 62-76.

CHETTY R, SAEZ E, 2010. Dividend and corporate taxation in an agency model of the firm [J]. American economic journal: economic policy, 2 (3): 1-31.

CHRISTENSEN B E, OLSON A J, OMER T C, 2015. The role of audit firm expertise and knowledge spillover in mitigating earnings management through the tax accounts [J]. The journal of the American taxation association, 37 (1): 3-36.

CHYZ J A, LEUNG W S C, LI O Z, et al, 2013. Labor unions and tax aggressiveness [J]. Journal of financial economics, 108 (3): 675-698.

CLARO S, 2006. Supporting inefficient firms with capital subsidies: China and Germany in the 1990s [J]. Journal of comparative economics, 34 (2): 377-401.

COHEN D A, ZAROWIN P, 2010. Accrual-based and real earnings management activities around seasoned equity offerings [J]. Journal of accounting and economics, 50 (1): 2-19.

COMMENT R, JARRELL G A, 1995. Corporate focus and stock returns [J]. Journal of financial economics, 37 (1): 67-87.

CROCKER K J, SLEMROD J, 2004. Corporate tax evasion with agency costs [J]. Journal of public economics, 89 (9): 1593-1610.

CUMMINS J D, GRACE E, 1994. Tax management and investment strategies of property-liability insurers [J]. Journal of banking and finance, 18 (1): 43-72.

CUMMINS J G, HASSETT K A, HUBBARD R G, 1996. Tax reforms and investment: a cross-country comparison [J]. Journal of public economics, 62 (1): 237-273.

DASKE H, HAIL L, LEUZ C, et al, 2008. Mandatory IFRS reporting around the world: early evidence on the economic consequences [J]. Journal of accounting research, 46 (5): 1085-1142.

DE MOOIJ R A, NICODÈME G, 2008. Corporate tax policy and incorporation in the EU [J]. International tax and public finance, 15 (4): 478-498.

DE SIMONE L, MATTHEW S E, BRIDGET S, 2015. Internal control quality: the role of auditor-provided tax services [J]. The accounting review, 90 (4): 1469-1496.

DEANGELO L E, 1981. Auditor independence, 'low-balling', and disclosure regulation [J]. Journal of accounting and economics, 3 (2): 113-127.

DECHOW P M, 1994. Accounting earnings and cash flows as measures of firm performance: the role of accounting accruals [J]. Journal of accounting and economics, 18 (1): 3-42.

DECHOW P M, DICHEV I D, 2002. The quality of accruals and earnings: the role of accrual estimation errors [J]. The accounting review, 77: 35-39.

DECICCA P, KENKEL D, LIU F, 2013. Who pays cigarette taxes? the impact of consumer price search [J]. The review of economics and statistics, 95 (2): 516-529.

DEFOND M, ZHANG J Y, 2014. A review of archival auditing research [J]. Journal of accounting and economics, 58 (2/3): 275-326.

DENIS D J, DENIS D K, SARIN A, 1999. Agency theory and the influence of equity ownership on corporate diversification strategies [J]. Strategic management journal, 20 (11): 1071-1076.

DEPAULA A, SCHEINKMAN J A, 2010. Value-added taxes, chain effects and informality [J]. American economic journal: macroeconomics, 2 (4): 195-221.

DERASHID C, ZHANG H, 2003. Effective tax rates and the "industrial policy" hypothesis: evidence from Malaysia [J]. Journal of international accounting, auditing and taxation, 12 (1): 45-62.

DESAI M, 2005. The degradation of reported corporate profits [J]. Journal of economic perspectives, 19 (4): 171-192.

DESAI M A, DHARMAPALA D, 2006. Corporate tax avoidance and high-powered incentives [J]. Journal of financial economics, 79 (1): 145-179.

DESAI M A, DHARMAPALA D, 2009. Corporate tax avoidance and firm value [J]. The review of economics and statistics, 91 (3): 537-546.

DESAI M A, DYCK A, ZINGALES L, 2004. Corporate governance and taxation [R]. Working paper.

DESAI M A, DYCK A, ZINGALES L, 2007. Theft and taxes [J]. Journal of financial economics, 84 (3): 591-623.

DESAI M A, HINES J R, 2002. Expectations and expatriations: tracing the causes and consequences of corporate inversions [J]. National tax journal, 55 (3): 409-440.

DEVOS E, KADAPAKKAM P-R, KRISHNAMURTHY S, 2009. How do mergers create value? a comparison of taxes, market power, and efficiency improvements as explanations for synergies [J]. The review of financial studies, 22 (3): 1179-1211.

DHALIWAL D S, GLEASON C A, MILLS L F, 2004. Last-chance earnings management: using the tax expense to meet analysts' forecasts [J]. Contemporary accounting research, 21 (2): 431-459.

DJANKOV S, GANSER T, MCLIESH C, et al, 2010. The effect of corporate taxes on investment and entrepreneurship [J]. American economic journal: macroeconomics, 2 (3): 31-64.

DOIDGE C, DYCK A, 2015. Taxes and corporate policies: evidence from a quasi natural experiment [J]. The journal of finance, 70 (1): 45-89.

DONOHOE M P, KNECHEL W R, 2014. Does corporate tax aggressiveness influence audit pricing [J]. Contemporary accounting research, 31 (1): 284-308.

DOU Y, HOPE O-K, THOMAS W B, 2013. Relationship-specificity, contract enforceability, and income smoothing [J]. The accounting review, 88 (5): 1629-1656.

DYCK A, ZINGALES L, 2004. Private benefits of control: an international comparison [J]. The journal of finance, 59 (2): 537-600.

DYRENG S D, HANLON M, MAYDEW E L, 2010. The effects of executives on corporate tax avoidance [J]. The accounting review, 85 (4): 1163-1189.

DYRENG S D, LINDSEY B P, 2009. Using financial accounting data to examine the effect of foreign operations located in tax havens and other countries on U. S. multinational firms' tax rates [J]. Journal of accounting research, 47 (5): 1283-1316.

DYRENG S D, LINDSEY B P, MARKLE K S, et al, 2015. The effect of tax and nontax country characteristics on the global equity supply chains of U. S. multinationals [J]. Journal of accounting and economics, 59 (2/3): 182-202.

EMRAN M S, STIGLITZ J E, 2005. On selective indirect tax reform in developing countries [J]. Journal of public economics, 89 (4): 599-623.

FACCIO M, XU J, 2018. Taxes, capital structure choices, and equity value [J]. Journal of financial and quantitative analysis, 53 (3): 967-995.

FELDMAN E R, 2016. Corporate spin-offs and capital allocation decisions [J]. Strategy science, 1 (4): 256-271.

FEREDE E, DAHLBY B, 2012. The impact of tax cuts on economic growth: evidence from the Canadian provinces [J]. National tax journal, 65 (3): 563-594.

FERNANDES N, FERREIRA M A, 2009. Insider trading laws and stock price informativeness [J]. The review of financial studies, 22 (5): 1845-1887.

FISCHLEIN M, SMITH T M, 2013. Revisiting renewable portfolio standard effectiveness: policy design and outcome specification matter [J]. Policy sciences, 46 (3): 277-310.

FRANCIS B, HASAN I, WU Q, 2015. Professors in the boardroom and their impact on corporate governance and firm performance [J]. Financial management, 44 (3): 547-581.

FRANK K E, HARDEN J W, 2001. Corporate restructurings: a comparison of equity carve-outs and spin-offs [J]. Journal of business finance & accounting, 28 (3/4): 503-529.

FRANK M M, LYNCH L J, REGO S O, 2009. Tax reporting aggressiveness and its relation to aggressive financial reporting [J]. The accounting review, 84 (2): 467-496.

FRISCHMANN P J, SHEVLIN T, WILSON R, 2008. Economic consequences of increasing the conformaity in accounting for uncertain tax benefits [J]. Journal of accounting and economics, 46: 261-278.

GAERTNER F B, HOOPES J L, WILLIAMS B M, 2020. Making only America great? non-U. S. market reactions to U. S. tax reform [J]. Management science, 66 (2): 687-697.

GALLEMORE J, LABRO E, 2015. The importance of the internal information environment for tax avoidance [J]. Journal of accounting and economics, 60 (1): 149-167.

GALLEMORE J, MAYDEW E L, THORNOCK J R, 2014. The reputational costs of tax avoidance [J]. Contemporary accounting research, 31 (4): 1103-1133.

GHOUL S E, GUEDHAMI O, KWOK C C Y, et al, 2011. Does corporate social responsibility affect the cost of capital [J]. Journal of banking and finance, 35 (9): 2388-2406.

GHOUL S E, GUEDHAMI O, PITTMAN J, 2011. The role of IRS monitoring in equity pricing in public firms [J]. Contemporary accounting research, 28 (2): 643-674.

GIROUD X, RAUH J, 2019. State taxation and the reallocation of business activity: evidence from establishment-level data [J]. Journal of political economy, 127 (3): 1262-1316.

GIVOLY D, HAYN C, OFER A R, et al, 1992. Taxes and capital structure: evidence from firms' response to the Tax Reform Act of 1986 [J]. The review of financial studies, 5 (2): 331-355.

GONCHAROV I, JACOB M, 2014. Why do countries mandate accrual accounting for tax purposes [J]. Journal of accounting research, 52 (5): 1127-1163.

GOOLSBEE A, 2004. The impact of the corporate income tax: evidence from state organizational form data [J]. Journal of public economics, 88 (11): 2283-2299.

GORDON R, LI W, 2009. Tax structures in developing countries: many puzzles and a possible explanation [J]. Journal of public economics, 93 (7): 855-866.

GRAHAM J R, 2003. Taxes and corporate finance: a review [J]. The review of financial studies, 16 (4): 1075-1129.

GRAHAM J R, HANLON M, SHEVLIN T, et al, 2014. Incentives for tax planning and avoidance: evidence from the field [J]. The accounting review, 89 (3): 991-1023.

GRAHAM J R, HARVEY C R, RAJGOPAL S, 2005. The economic implications of corporate financial reporting [J]. Journal of accounting and economics, 40 (1/2/3): 3-73.

GRAHAM J R, RAEDY J S, SHACKELFORD D A, 2012. Research in accounting for income taxes [J]. Journal of accounting and economics, 53 (1/2): 412-434.

GRAHAM J R, TUCKER A L, 2005. Tax shelters and corporate debt policy [J]. Journal of financial economics, 81 (3): 563-594.

GREEN R C, HOLLIFIELD B, 2003. The personal-tax advantages of equity [J]. Journal of financial economics, 67 (2): 175-216.

GUENTHER D A, 1994. Earnings management in response to corporate tax rate changes: evidence from the 1986 Tax Reform Act [J]. The accounting review, 69 (1): 230-243.

GUENTHER D A, MAYDEW E L, NUTTER S E, 1997. Financial reporting, tax costs, and book-tax conformity [J]. Journal of accounting and economics, 23 (3): 225-248.

GUL F A, KIM J-B, QIU A A, 2010. Ownership concentration, foreign shareholding, audit quality, and stock price synchronicity: evidence from China [J]. Journal of financial economics, 95 (3): 425-442.

HALLSWORTH M, LIST J A, METCALFE R D, et al, 2017. The behavioralist as tax collector: using natural field experiments to enhance tax compliance [J]. Journal of public economics, 148: 14-31.

HANLON M, 2005. The persistence and pricing of earnings, accruals, and cash flows when firms have large book-tax differences [J]. The accounting review, 80 (1): 137-166.

HANLON M, HEITZMAN S, 2010. A review of tax research [J]. Journal of accounting and economics, 50 (2): 127-178.

HANLON M, KRISHNAN G V, MILLS L F, 2012. Audit fees and book-tax differences [J]. The journal of the American taxation association, 34 (1): 55-86.

HANLON M, LAPLANTE S K, SHEVLIN T, 2005. Evidence for the possible information loss of conforming book income and taxable income [J]. Journal of law and economics, 48 (2): 407-442.

HANLON M, LESTER R, VERDI R, 2015. The effect of repatriation tax costs on U. S. multinational investment [J]. Journal of financial economics, 116 (1): 179-196.

HANLON M, MAYDEW E L, SHEVLIN T, 2008. An unintended consequence of book-tax conformity: a loss of earnings informativeness [J]. Journal of accounting and economics, 46 (2): 294-311.

HANLON M, SLEMROD J, 2009. What does tax aggressiveness signal? evidence from stock price reactions to news about tax shelter involvement [J]. Journal of public economic, 93 (1): 126-141.

HARJU J, MATIKKA T, RAUHANEN T, 2019. Compliance costs vs. tax incentives: why do entrepreneurs respond to size-based regulations [J]. Journal of public economics, 173: 139-164.

HEIDER F, LJUNGQVIST A, 2015. As certain as debt and taxes: estimating the tax sensitivity of leverage from state tax changes [J]. Journal of financial economics, 118 (3): 684-712.

HERTZEL M G, LI Z, OFFICER M S, et al, 2008. Inter-firm linkages and the wealth effects of financial distress along the supply chain [J]. Journal of financial economics, 87 (2): 374-387.

HOI C K, WU Q, ZHANG H, 2013. Is corporate social responsibility (CSR) associated with tax avoidance? evidence from irresponsible CSR activities [J]. The accounting review, 88 (6): 2025-2059.

HOPE O-K, MA M, THOMAS W B, 2013. Tax avoidance and geographic earnings disclosure [J]. Journal of accounting and economics, 56 (2/3): 170-189.

HOUSE C L, SHAPIRO M D, 2008. Temporary investment tax incentives: theory with evidence from bonus depreciation [J]. The American economic review, 98 (3): 737-768.

HOWELL A, 2016. Firm R&D, innovation and easing financial constraints in China: does corporate tax reform matter [J]. Research policy, 45 (10): 1996-2007.

JACOB M, MICHAELY R, MÜLLER M A, 2019. Consumption taxes and corporate investment [J]. The review of financial studies, 32 (8): 3144-3182.

JOHANNESEN N, 2014. Tax avoidance with cross-border hybrid instruments [J]. Journal of public economics, 112: 40-52.

JOHN K, OFEK E, 1995. Asset sales and increase in focus [J]. Journal of financial economics, 37 (1): 105-126.

KALWANI M U, NARAYANDAS, N, 1995. Long-term manufacturer-supplier relationships: do they pay off for supplier firms [J]. Journal of marketing, 59 (1): 1-16.

KATZ B G, OWEN J, 2013. Exploring tax evasion in the context of political uncertainty [J]. Economic systems, 37 (2): 141-154.

KEEN M, LOCKWOO B, 2010. The value added tax: its causes and consequences [J]. Journal of development economics, 92 (2): 138-151.

KERR J N, 2019. Transparency, information shocks, and tax avoidance [J]. Contemporary accounting research, 36 (2): 1146-1183.

KIM C, ZHANG L, 2016. Corporate political connections and tax aggressiveness [J]. Contemporary accounting research, 33 (1): 78-114.

KIM J-B, SIMUNIC D A, STEIN M T, et al, 2011. Voluntary audits and the cost of debt capital for privately held firms: Korean evidence [J]. Contemporary accounting research, 28 (2): 585-615.

KING R G, REBELO S, 1990. Public policy and economic growth: developing neoclassical implications [J]. Journal of political economy, 98 (5): S126-S150.

KLASSEN K J, LAPLANTE S K, 2012. The effect of foreign reinvestment and financial reporting incentives on cross-jurisdictional income shifting [J]. Contemporary accounting research, 29 (3): 928-955.

KLEIN B, CRAWFORD R G, ALCHIAN A A, 1978. Vertical integration, appropriable rents, and the competitive contracting process [J]. Journal of law and economics, 21 (2): 297-326.

KLEVEN H J, KNUDSEN M B, KREINER C T, et al, 2011. Unwilling or unable to cheat? evidence from a tax audit experiment in Denmark [J]. Econometrica, 79 (3): 651-692.

KNELLER R, BLEANEY M F, GEMMELL N, 1999. Fiscal policy and growth: evidence from OECD countries [J]. Journal of public economics, 74 (2): 171-190.

KORNAI J, 1986. The soft budget constraint [J]. Kyklos, 39 (1): 3-30.

KORNAI J, MASKIN E, ROLAND G, 2003. Understanding the soft budget constraint [J]. Journal of economic literature, 41 (4): 1095-1136.

KOSONEN T, 2015. More and cheaper haircuts after VAT cut? on the efficiency and incidence of service sector consumption taxes [J]. Journal of public economics, 131: 87-100.

KUBICK T R, LOCKHART G B, MILLS L F, et al, 2016. IRS and corporate taxpayer effects of geographic proximity [J]. Journal of accounting and economics, 63 (2/3): 428-453.

KULP S C, 2002. The effect of information precision and information reliability on manufacturer-retailer relationships [J]. The accounting review, 77 (3): 653-677.

KULP S C, LEE H L, OFEK E, 2004. Manufacturer benefits from information integration with retail customers [J]. Management science, 50 (4): 431-444.

LA PORTA R, LOPEZ-DE-SILANES F, SHLEIFER A, et al, 1998. Law and finance [J]. Journal of political economy, 106 (6): 1113-1155.

LA PORTA R, LOPEZ-DE-SILANES F, SHLEIFER A, et al, 2002. Investor protection and corporate valuation [J]. The journal of finance, 57 (3): 1147-1170.

LEAHY D, NEARY J P, 1999. Learning by doing, precommitment and infant-industry promotion [J]. The review of economic studies, 66 (2): 447-474.

LENNOX C S, PITTMAN J A, 2011. Voluntary audits versus mandatory audits [J]. The accounting review, 86 (5): 1655-1678.

LEV B, NISSIM D, 2004. Taxable income, future earnings, and equity values [J]. The accounting review, 79 (4): 1039-1074.

LEV B, THIAGARAJAN S R, 1993. Fundamental information analysis [J]. Journal of accounting research, 31 (2): 190-215.

LI H, ZHOU L-A, 2005. Political turnover and economic performance: the incentive role of personnel control in China [J]. Journal of public economics, 89 (9/10): 1743-1762.

LIN J Y, CAI F, LI Z, 1998. Competition, policy burdens, and state-owned enterprise reform [J]. American economic review, 88 (2): 422-427.

LIN L, FLANNERY M J, 2013. Do personal taxes affect capital structure? evidence from the 2003 tax cut [J]. Journal of financial economics, 109 (2): 549-565.

LIU Q, LU Y, 2015. Firm investment and exporting: evidence from China's value-added tax reform [J]. Journal of international economics, 97 (2): 392-403.

LIU Y, MAO J, 2019. How do tax incentives affect investment and productivity? firm-level evidence from China [J]. American economic journal: economic policy, 11 (3): 261-291.

LJUNGQVIST A, SMOLYANSKY M, 2018. To cut or not to cut? on the impact of corporate taxes on employment and income [R]. NBER working paper 20753.

LOPEZ T J, REGIER P R, LEE T, 1998. Identifying tax-induced earnings management around TRA 86 as a function of prior tax-aggressive behavior [J]. Journal of the American Taxation Association, 20 (2): 37-56.

LUCAS R E, 1990. Supply-side economics: an analytical review [J]. Oxford economic papers, 42 (2): 293-316.

LUNDHOLM R, MYERS L A, 2002. Bringing the future forward: the effect of disclosure on the returns-earnings relation [J]. Journal of accounting research, 40 (3): 809-839.

LUO S, NAGARAJAN N J, 2015. Information complementarities and supply chain analysts [J]. The accounting review, 90 (5): 1995-2029.

MARTINI J T, NIEMANN R, SIMONS D, 2012. Transfer pricing or formula apportionment? tax-induced distortions of multinationals' investment and production decisions [J]. Contemporary accounting research, 29 (4): 1060-1086.

MASSCHELEIN S, CARDINAELS E, VEN DEN ABBEELE A, 2012. ABC information, fairness perceptions, and interfirm negotiations [J]. The accounting review, 87 (3): 951-973.

MAYDEW E L, 1997. Tax-induced earnings management by firms with net operating losses [J]. Journal of accounting research, 35 (1): 83-96.

MCGUIRE S T, WANG D, WILSON R J, 2014. Dual class ownership and tax avoidance [J]. The accounting review, 89 (4): 1487-1516.

MENDOZA E G, MILESI-FERRETTI G M, ASEA P, 1997. On the ineffectiveness of tax policy in altering long-run growth: Harberger's superneutrality conjecture [J]. Journal of public economics, 66 (1): 99-126.

MERTENS J B, 2003. Measuring tax effort in central and Eastern Europe [J]. Public finance and management, 3 (4): 530-563.

MILLS L F, SANSING R C, 2000. Strategic tax and financial reporting decisions: theory and evidence [J]. Contemporary accounting research, 17 (1): 85-106.

MIRONOV M, 2013. Taxes, theft, and firm performance [J]. The journal of finance, 68 (4): 1441-1472.

MUKHERJEE A, SINGH M, ZALDOKAS A, 2017. Do corporate taxes hinder innovation [J]. Journal of financial economics, 124 (1): 195-221.

NARAYANAN S, MARUCHECK A S, HANFIELD R B, 2009. Electronic data interchange: research review and future directions [J]. Decision sciences, 40 (1): 121-163.

NARITOMI J, 2019. Consumers as tax auditors [J]. American economic review, 109 (9): 3031-3072.

NESSA M, SCHWAB C M, STOMBERG B, et al, 2020. How do IRS resources affect the corporate audit process [J]. The accounting review, 95 (2): 311-338.

OHLSON J A, PENMAN S H, 1992. Disaggregated accounting data as explanatory variables for returns [J]. Journal of accounting, auditing & finance, 7 (4): 553-573.

ONJI K, 2009. The response of firms to eligibility thresholds: evidence from the Japanese value-added tax [J]. Journal of public economics, 93 (5/6): 766-775.

PIOTROSKI J D, ROULSTONE B T, 2004. The influence of analysts, institutional investors, and insiders on the incorporation of market, industry, and firm-specific information into stock prices [J]. The accounting review, 79 (4): 1119-1151.

PLESKO G A, TODER E J, 2013. Changes in the organization of business activity and implications for tax reform [J]. National tax journal, 66 (4): 855-870.

POMERANZ D, 2015. No taxation without information: deterrence and self-enforcement in the value added tax [J]. American economic review, 105 (8): 2539-2569.

POTERBA J, SUMMERS L, 1984. The economic effects of dividend taxation [R]. NBER working paper.

RAJAN R G, ZINGALES L, 1995. What do we know about capital structure? some evidence from international data [J]. The journal of finance, 50 (5): 1421-1460.

RAMAN K, SHAHRUR H, 2008. Relationship-specific investments and earnings management: evidence on corporate suppliers and customers [J]. The accounting review, 83 (4): 1041-1081.

RAO N, 2016. Do tax credits stimulate R&D spending? the effect of the R&D tax credit in its first decade [J]. Journal of public economics, 140: 1-12.

RĂDULESCU A S, DÎRVĂC, 2016. The specifics of tax arbitrage in the reorganization of the European companies through acquisitions, mergers, spin-offs and disinvestments [J]. Romanian economic journal, 59 (19): 145-162.

REGO S O, 2003. Tax-avoidance activities of U. S. multinational corporations [J]. Contemporary accounting research, 20 (4): 805-833.

RHODES-KROPF M, ROBINSON D, 2008. The market for mergers and the boundaries of the firm [J]. The journal of finance, 63 (3): 1169-1211.

ROYCHOWDHURY S, 2006. Earnings management through real activities manipulation [J]. Journal of accounting and economics, 42 (3): 335-370.

SCHEPENS G, 2016. Taxes and bank capital structure [J]. Journal of financial economics, 120 (3): 585-600.

SCHLOETZER J D, 2012. Process integration and information sharing in supply chains [J]. The accounting review, 87 (3): 1005-1032.

SCHMIDT A P, 2006. The persistence, forecasting, and valuation implications of the tax change component of earnings [J]. The accounting review, 81 (3): 589-616.

SCHOLES M S, WILSON G P, WOLFSON M A, 1992. Firms' responses to anticipated reductions in tax rates: the Tax Reform Act of 1986 [J]. Journal of accounting research, 30: 161-185.

SHACKELFORD D A, SHEVLIN T, 2001. Empirical tax research in accounting [J]. Journal of accounting and economics, 31 (1): 321-387.

SHEVLIN T, URCAN O, VASVARI F, 2013. Corporate tax avoidance and public debt costs [R]. SSRN working paper 2228601.

SHLEIFER A, VISHNY R W, 1994. Politicians and firms [J]. The quarterly journal of economics, 109 (4): 995-1025.

SKINNER D J, 2008. The rise of deferred tax assets in Japan: the role of deferred tax accounting in the Japanese banking crisis [J]. Journal of accounting and economics, 46 (2): 218-239.

SLEMROD J, 2004. The economics of corporate tax selfishness [R]. NBER working paper 10858.

SLEMROD J, BLUMENTHAL M, CHRISTIAN C, 2001. Taxpayer response to an increased probability of audit: evidence from a controlled experiment in Minnesota [J]. Journal of public economics, 79 (3): 455-483.

SMART M, BIRD R M, 2009. The impact on investment of replacing a retail sales tax with a value-added tax: evidence from Canadian experience [J]. National tax journal, 62 (4): 591-609.

STEWART G B, GLASSMAN D M, 1988. The motives and methods of corporate restructuring [J]. Journal of applied corporate finance, 1 (1): 85-99.

STOKEY N L, REBELO S, 1995. Growth effects of flat-rate taxes [J]. Journal of political economy, 103 (3): 519-550.

SUMMERS L H, BOSWORTH B P, TOBIN J, et al, 1981. Taxation and corporate investment: a q-theory approach [J]. Brookings papers on economic activity (1): 67-140.

SZELENYI I, KOSTELLO E, 1996. The market transition debate: toward a synthesis [J]. American journal of sociology, 101 (4): 1082-1096.

THOMAS J, ZHANG F X, 2011. Tax expense momentum [J]. Journal of accounting research, 49 (3): 791-821.

TIEBOUT C M, 1956. A pure theory of local expenditures [J]. Journal of political economy, 64 (5): 416-424.

TOEH S H, WONG T J, 1993. Perceived auditor quality and the earnings response coefficient [J]. The accounting review, 68 (2): 346-366.

UTKE S, 2019. The effect of shareholder-level taxes on organizational form and stock ownership: evidence from equity carve-outs of master limited partnerships [J]. The accounting review, 94 (1): 327-351.

WATTS R L, ZIMMERMAN J L, 1986. Positive accounting theory [M]. New Jersey: Prentice Hall.

WEBER D P, 2009. Do analysts and investors fully appreciate the implication of book-tax differences for future earnings [J]. Contemporary accounting research, 26 (4): 1175-1206.

WHITAKER C, 2005. Bridging the book-tax accounting gap [J]. The Yale law journal, 115 (3): 680-726.

WILLIAMSON O E, 1988. The logic of economic organization [J]. Journal of law, economics, & organization, 4 (1): 65-93.

XU W C, ZENG Y M, ZHANG J S, 2011. Tax enforcement as a corporate governance mechanism: empirical evidence from China [J]. Corporate governance: an international review, 19 (1): 25-40.

YAGAN D, 2015. Capital tax reform and the real economy: the effect of the 2003 dividend tax cut [J]. The American economic review, 105 (12): 3531-3563.

ZANG Y, GOH B W, LIM C Y, et al, 2013. Tax aggressiveness and auditor resignation [R]. SSRN working paper.

ZHANG L, CHEN Y, HE Z, 2018. The effect of investment tax incentives: evidence from China's value-added tax reform [J]. International tax and public finance, 25 (4): 913-945.

ZIMMERMAN J L, 1983. Taxes and firm size [J]. Journal of accounting and economics, 5: 119-149.

ZWICK E, MAHON J, 2017. Tax policy and heterogeneous investment behavior [J]. The American economic review, 107 (1): 217-248.